Grimms Märchen tiefenpsychologisch gedeutet

Eugen Drewermann

Schneeweißchen und Rosenrot

Grimms Märchen tiefenpsychologisch gedeutet

Walter

Der Text des Märchens ist in der Fassung der Grimmschen
»Kinder- und Hausmärchen« von 1857 wiedergegeben.

Die Abbildungen:
1. Edvard Munch: Rot und Weiß (1894), Munch Museum, Oslo.
© The Munch Museum/The Munch Ellingsen Group/VG Bild-Kunst, Bonn 2004.
2. Der Nez Percé-Häuptling Joseph. © akg-images.
3. Darstellung einer »Baumursprungsmythe«. Aus: Codex Vindobonensis Mexicanus 1.
4. Figur des Gottes Thot als Pavian, Ägyptisches Museum, Berlin.
5. Orpheus, der Musiker, San Colombano, Bobbio.
6. Varada-Raja-Tempel in Conjeeveram. Foto: © Eugen Drewermann.
7 a–c. Edvard Munch: Kreidelithographien aus dem Zyklus Alpha und Omega.
© The Munch Museum/The Munch Ellingsen Group/VG Bild-Kunst, Bonn 2004.
8. Hieronymus Bosch oder Werkstatt: Das Jüngste Gericht (um 1486). Groeningenmuseum, Brügge.

Bibliographische Information der Deutschen Bibliothek

Die Deutsche Bibliothek verzeichnet diese Publikation
in der Deutschen Nationalbibliographie; detaillierte bibliographische Daten
sind im Internet über http://dnb.ddb.de abrufbar.

Überarbeitete Neuausgabe

Umschlagbild: dyadesign, Andrea Kuckelkorn, Düsseldorf
Umschlaggestaltung: dyadesign, Düsseldorf
Printed in Germany
ISBN 3-530-17008-9

Inhalt

Vorwort 7

Schneeweißchen und Rosenrot 11

Tiefenpsychologische Deutung

Die Welt zu sehen wie mit Kinderaugen 17

Deshalb wechseln die Jahreszeiten 18

In deinem Mantel finde ich Schutz 19

Kein Mensch kann seine Mutter besitzen 20

Für uns ist die Natur sanft und vertraut 21

Ein Baum ist ein Abbild des Lebens 22

Ihre Religion ist die gleiche wie die unsrige 23

Ein Kind zu bleiben als Erwachsener 25

Von Anmut und Würde und der Unschuld der Liebe 25

Entwicklung als Fließgleichgewicht 27

Das Fehlen der Angst 29

Stufen reifender Liebe 31

Der Geist der Kindheit und sein Abschied 31

Erfrieren, Überwältigtwerden oder zu sich Einlassen? 33

Spiele der Einübung und Spiegelungen des Zukünftigen 36

Von koboldartigen Verwicklungen und humorvollen Lösungen 39

Beklemmungen, Verklemmungen – der Bart muß ab 43

Die Alligator-Gefahr 45

Die Adler-Gefahr 46

Die verborgenen Schätze der Kindheit 49

Der Gewaltakt der Liebe 50

Geist und Gestalt einer harmonischen Struktur 53

Bildbeschreibungen 57

Anmerkungen 62

VORWORT

Das Märchen von »Schneeweißchen und Rosenrot« ist wie viele andere Märchen der Grimmschen Sammlung nicht getreu der gefundenen Vorlage, sondern in stark veränderter Form von W. Grimm wiedergegeben worden.* Für den volkskundlich Interessierten, der in den Grimmschen Märchen den Spuren alten Brauchtums und alter Volksüberlieferung nachgehen möchte, sind solche mitwilligen »Trübungen« der Tradition naturgemäß äußerst bedauerlich, ja unverzeihlich. Für den an der psychologischen Bedeutung der Märchen Interessierten hingegen sind die dichterischen Erweiterungen eines Märchens nicht nur völlig legitim, sondern sie stellen für ihn in der Regel einen unschätzbaren Gewinn dar. Literarhistorisch mag es eine Fleißaufgabe sein, herauszufinden, welche Motive und Elemente eines Märchens zu welcher Zeit und womöglich von welchem Autor in einem bestimmten Märchen hinzugefügt oder eliminiert worden sind, zum Verständnis der Märchen selbst tragen solche Anstrengungen indessen so viel bei, wie wenn man über die Wahrheit und Weisheit der ägyptischen Botschaft von der Unsterblichkeit des Lebens durch die Kenntnis der Steinbrüche belehrt werden wollte, aus denen die Quader der Pyramide von Gizeh gebrochen wurden. In Wahrheit ist die Grenze zwischen der mündlichen und der schriftlichen Tradition eines Märchens unwesentlich, und auch die bei Literarhistorikern beliebte Trennung zwischen Kunst- und Volksmärchen wird der Natur dieser Erzählungen nicht gerecht.

Jedes Märchen ist irgendwann als Traum und Dichtung eines einzelnen entstanden, und einzelne haben daher jederzeit das Recht, den Stoff eines Volksmärchens weiterzuträumen und nachzudichten, ist doch die schöpferische Nachgestaltung letztlich die einzige Art, einen Märchenstoff tief genug in sich aufzunehmen. Es irrt dabei sehr, wer einen solchen Vorgang des nachdichtenden Weiter- oder Zuendeträumens für einen Akt der Willkür halten würde. Willkürlich verführe im Gegenteil, wer es nach der inzwischen besonders unter Philologen beliebten Methode für eine gelungene Märcheninterpretation halten wollte, die einzelnen Märchenmotive einer Erzählung zu isolieren und entsprechend dem Muster bestimmter Nachschlagewerke möglichst vollständig zu klassifizieren. Ein derartiges lexikalisches Vorgehen wird dem lebendigen Charakter eines Märchens so wenig gerecht wie die Anatomie einem lebenden Organismus. Zum Prozeß des Lebens gehört es, daß zu einem jeden

* Vgl. J. Bolte u. G. Polivka: Anmerkungen zu den Kinder- und Hausmärchen der Brüder Grimm, Bd. III, Leipzig 1918, 259–260; H. Rölleke (Hrsg.): Brüder Grimm, Kinder- und Hausmärchen, Bd. 3: Originalanmerkungen, Herkunftsnachweise, Nachwort, Stuttgart 1980, 255.

Organismus die Botschaft des Ganzen im winzigsten Teil vollständig verschlüsselt enthalten ist und daß umgekehrt die kleinste lebendige Einheit über die Fähigkeit verfügt, aus sich heraus das Ganze zusammenzufügen. Dabei hängt die Funktion und die Wirkungsweise der jeweiligen Einheiten von der Aufgabe ab, die ihnen vom Kontext des Organismus zugewiesen wird. Gesetzt, man verpflanzt den künftigen Schwanz eines Molchembryos an die Stelle, an der eigentlich das Bein wachsen müßte, so entwickelt sich daraus nicht etwa der Schwanz, sondern ein Bein; zerteilt man die Keimblase eines Frosches, so wird die andere Hälfte nicht zu einem halben Frosch, sondern zu einem kleineren, aber vollständigen, lebensfähigen Lebewesen. Ebenso besitzen die sogenannten »Märchenmotive« nur in den Handbüchern ein »Vorkommen an sich«. In Wirklichkeit sind sie die lebenden Bausteine der Märchen, und in ihrer relativ geringen Anzahl grundlegender Typen sind sie imstande, den Organismus aller möglichen Märchenerzählungen um sich herum zu bilden. Was sie an der jeweiligen Stelle ihres Vorkommens bedeuten, ergibt sich deshalb nur selten aus einem isolierten Motiv; man erfährt es meist aus der Funktionszuweisung, die ihnen innerhalb des Märchens vom Kontext der Erzählung übertragen wird.

Um die einzelnen Erzählmotive richtig zu verstehen, muß man folglich unterstellen, daß ihr Auftreten an gerade dieser Stelle eines Märchens nicht durch historische Zufälligkeiten oder durch die literarische Manier einzelner verursacht, sondern durch die Notwendigkeit ihrer lebendigen Gestaltung *erfordert* ist. Möglicherweise läßt sich am Anfang der Interpretation eines Märchens jedes einzelne Motiv oder Symbol isoliert für sich noch als »Schwanz« oder »Bein« interpretieren, aber je weiter die Erzählung fortschreitet, desto eindeutiger wird, was jeder einzelne Baustein der Erzählung zum Ganzen beiträgt. Nur eine Interpretation, die in allen Einzelheiten dem Gesamten der Erzählung entspricht und vom Ganzen her jeder Einzelheit in Ort und Art ihre Notwendigkeit zuerteilt, darf für sich beanspruchen, wahr und lebendig genug zu sein, um der Lebenswahrheit eines Märchens zu entsprechen.

Die zahlreichen Erzählvarianten der Märchenüberlieferung schließlich – für die Literarhistoriker eine labyrinthische Aufgabe – sind unter psychologischem Gesichtspunkt nicht nur eine willkommene Ergänzung und zusätzliche Kommentierung der möglichen Bedeutungsvielfalt eines Märchenstoffes, sie sind zugleich auch ein Beweis dafür, daß bestimmte Märchenthemen ihre unvergängliche Lebendigkeit behalten haben und nach wie vor die Kraft besitzen, neue Träume über alte Themen zu veranlassen. Auch die historisch gesehen rezenten Formungen und Ausgestaltungen eines Märchens dürfen infolgedessen nicht anders gelesen werden, als man sie in ihrer Urgestalt als Mythos interpretieren würde. Die naturmythologischen Schulen des 19. Jahrhunderts hatten gewiß unrecht, wenn sie in den Märchen autochthones, unverfälschtes Volksgut »altgermanischer« Mythenüberlieferung vor sich sahen oder aus den Märchen in historischem Sinne auf vermeintlich ältere Anschauungen unserer Vorfahren geradlinig glaubten zurückschließen zu können. Aber daß sie die Bilder und Aussagen der Märchen mit den Bildern und Aussagen der Mythen *verglichen*, war an sich berechtigt und stellte eine unerläßliche Vorarbeit zum Verständnis des psychischen Gehalts der Märchen dar.

Prinzipiell ist jedes Märchen und jeder Traum, so neu er auch sein mag, so alt wie die Menschheit, und eben die zeitlose Gültigkeit der Märchen und Mythen versetzt sie in den Stand, zeitlos gültige Wahrheiten zu formulieren, die den Einsichten des Verstandes unendlich überlegen sind.

Ein Märchen wie *Schneeweißchen und Rosenrot* ist daher auch in der Fassung, die W. Grimm ihm dankenswerterweise gegeben hat, nach der Art eines antiken Mythos auszulegen. Der Grund und die Berechtigung dazu ergeben sich aus der ewigen Lebendigkeit des Märchens selbst. Biologisch gesehen, gehörten die heutigen Laubfrösche und Schlangen zweifellos zu den Neuformungen des Lebens auf unserem Planeten, und doch sind sie lebendige Beispiele dafür, wie das Leben vom Meer aus das Land erobern konnte. Ganz entsprechend sind alle heutigen Märchen in ihrer konkreten Erzählform naturgemäß sehr »jung«; aber was sie zu sagen haben, geht zurück in diejenigen Zeiten, als noch die Menschen Kinder der Natur und Kinder ihres Schöpfers waren. So literarisch »neu« auch immer, sind sie doch lebende Beispiele eines ursprünglichen Wissens um die Einheit und Gefährdung, um die Harmonie und den stets drohenden Zerfall des Daseins, und man versteht sie nur, wenn man sich selbst an das Ufer des Unbewußten begibt, an dem die Märchen entstanden sind und es uns Heutigen erlauben, ursprünglich mitzufühlen, nachzuträumen und buchstäblich »einzusehen«, in welchen Bildern sich das Leben dem Menschen zur Sinndeutung seit alters her selbst darzubieten weiß.

Schneeweißchen und Rosenrot

Märchen Nr. 161 aus der Grimmschen Sammlung

Eine arme Witwe, die lebte einsam in einem Hüttchen, und vor dem Hüttchen war ein Garten, darin standen zwei Rosenbäumchen, davon trug das eine weiße, das andere rote Rosen; und sie hatte zwei Kinder, die glichen den beiden Rosenbäumchen, und das eine hieß Schneeweißchen, das andere Rosenrot. Sie waren aber so fromm und gut, so arbeitsam und unverdrossen, als je zwei Kinder auf der Welt gewesen sind. Schneeweißchen war nur stiller und sanfter als Rosenrot. Rosenrot sprang lieber in den Wiesen und Feldern umher, suchte Blumen und fing Sommervögel; Schneeweißchen aber saß daheim bei der Mutter, half ihr im Hauswesen oder las ihr vor, wenn nichts zu tun war. Die beiden Kinder hatten einander so lieb, daß sie sich immer an den Händen faßten, so oft sie zusammen ausgingen. Wenn Schneeweißchen sagte: »Wir wollen uns nicht verlassen«, so antwortete Rosenrot: »Solange wir leben, nicht«, und die Mutter setzte hinzu: »Was das eine hat, soll's mit dem andern teilen.« Oft liefen sie im Walde allein umher und sammelten rote Beeren. Aber kein Tier tat ihnen etwas zuleid, sondern sie kamen vertraulich herbei; das Häschen fraß ein Kohlblatt aus ihren Händen, das Reh graste an ihrer Seite, der Hirsch sprang ganz lustig vorbei, und die Vögel blieben auf den Ästen sitzen und sangen, was sie nur wußten. Kein Unfall traf sie; wenn sie sich im Walde verspätet hatten und die Nacht sie überfiel, so legten sie sich nebeneinander auf das Moos und schliefen, bis der Morgen kam, und die Mutter wußte das und hatte ihretwegen keine Sorge. Einmal, als sie im Walde übernachtet hatten und das Morgenrot sie aufweckte, da sahen sie ein schönes Kind in einem weißen, glänzenden Kleidchen neben ihrem Lager sitzen. Es stand auf und blickte sie ganz freundlich an, sprach aber nichts und ging in den Wald hinein. Und als sie sich umsahen, so hatten sie ganz nahe bei einem Abgrunde geschlafen und wären gewiß hineingefallen, wenn sie in der Dunkelheit noch ein paar Schritte weitergegangen wären. Die Mutter aber sagte ihnen, das müßte der Engel gewesen sein, der gute Kinder bewache.

Schneeweißchen und Rosenrot hielten das Häuschen der Mutter so reinlich, daß es eine Freude war, hineinzuschauen. Im Sommer besorgte Rosenrot das Haus und stellte der Mutter jeden Morgen, ehe sie aufwachte, einen Blumenstrauß vors Bett, darin war von jedem Bäumchen eine Rose. Im Winter zündete Schneeweißchen das Feuer an und hing den Kessel an den Feuerhaken; und der Kessel war von Messing, glänzte aber wie Gold, so rein war er gescheuert. Abends, wenn die Flocken fielen, sagte die Mutter: »Geh, Schneeweißchen, und schieb den Riegel vor«, und dann setzten sie sich an den Herd, und die Mutter nahm die Brille und las aus einem großen Buche vor. Die beiden

Mädchen hörten zu, saßen und spannen; neben ihnen lag ein Lämmchen auf dem Boden, und hinter ihnen auf einer Stange saß ein weißes Täubchen und hatte seinen Kopf unter den Flügel gesteckt.

Eines Abends, als sie so vertraulich beisammensaßen, klopfte jemand an die Türe, als wollte er eingelassen sein. Die Mutter sprach: »Geschwind, Rosenrot, mach auf, es wird ein Wanderer sein, der Obdach sucht.« Rosenrot ging und schob den Riegel weg und dachte, es wäre ein armer Mann, aber der war es nicht; es war ein Bär, der seinen dicken, schwarzen Kopf zur Türe hereinstreckte. Rosenrot schrie laut und sprang zurück; das Lämmchen blökte, das Täubchen flatterte auf, und Schneeweißchen versteckte sich hinter der Mutter Bett. Der Bär aber fing an zu sprechen und sagte: »Fürchtet euch nicht, ich tue euch nichts zuleid, ich bin halb erfroren und will mich nur ein wenig bei euch wärmen.« – »Du armer Bär«, sprach die Mutter, »leg dich ans Feuer, und gib nur acht, daß dir dein Pelz nicht brennt.« Dann rief sie: »Schneeweißchen, Rosenrot, kommt hervor, der Bär tut euch nichts, er meint's ehrlich.« Da kamen sie beide heran, und nach und nach näherten sich auch das Lämmchen und das Täubchen und hatten keine Furcht mehr. Der Bär sprach: »Ihr Kinder, klopft mir den Schnee ein wenig aus dem Pelzwerk«, und sie holten den Besen und kehrten dem Bär das Fell rein; er aber streckte sich ans Feuer und brummte ganz vergnügt und behaglich. Nicht lange, so wurden sie ganz vertraut und trieben Mutwillen mit dem unbeholfenen Gast. Sie zausten ihm das Fell mit den Händen, setzten ihre Füßchen auf seinen Rücken und walgerten ihn hin und her, oder sie nahmen eine Haselrute und schlugen auf ihn los, und wenn er brummte, so lachten sie. Der Bär ließ sich's aber gerne gefallen; nur wenn sie's gar zu arg machten, rief er: »Laßt mich am Leben, ihr Kinder:

Schneeweißchen, Rosenrot,
schlägst dir den Freier tot.«

Als Schlafenszeit war und die anderen zu Bett gingen, sagte die Mutter zu dem Bären: »Du kannst in Gottes Namen da am Herde liegenbleiben, so bist du vor der Kälte und dem bösen Wetter geschützt.« Sobald der Tag graute, ließen ihn die beiden Kinder hinaus, und er trabte über den Schnee in den Wald hinein. Von nun an kam der Bär jeden Abend zu der bestimmten Stunde, legte sich an den Herd und erlaubte den Kindern, Kurzweil mit ihm zu treiben, soviel sie wollten; und sie waren so gewöhnt an ihn, daß die Türe nicht eher zugeriegelt ward, als bis der schwarze Gesell angelangt war.

Als das Frühjahr herangekommen und draußen alles grün war, sagte der Bär eines Morgens zu Schneeweißchen: »Nun muß ich fort und darf den ganzen Sommer nicht wiederkommen.« – »Wo gehst du denn hin, lieber Bär?« fragte Schneeweißchen. »Ich muß in den Wald und meine Schätze vor den bösen Zwergen hüten; im Winter, wenn die Erde hart gefroren ist, müssen sie wohl unten bleiben und können sich nicht durcharbeiten, aber jetzt, wenn die Sonne die Erde aufgetaut und erwärmt hat, da brechen sie durch, steigen herauf, suchen und stehlen. Was einmal in ihren Händen ist und in ihren Höhlen liegt, das kommt so leicht nicht wieder an des Tages Licht.« Schneeweißchen war ganz traurig über den Abschied, und als es ihm die Tür aufriegelte und der Bär sich hinausdrängte, blieb er an dem Türhaken hängen, und ein Stück seiner Haut riß auf, und da war es Schneeweißchen, als hätte es Gold durchschimmern gesehen; aber es war seiner Sache nicht gewiß. Der Bär lief eilig fort und war bald hinter den Bäumen verschwunden.

Nach einiger Zeit schickte die Mutter die Kinder in den Wald, Reisig zu sammeln. Da fanden sie draußen einen großen Baum, der lag gefällt auf dem Boden, und an dem Stamme sprang zwischen dem Gras etwas auf und ab; sie konnten aber nicht unterscheiden, was es war. Als sie näher kamen, sahen sie einen Zwerg mit einem alten, verwelkten Gesicht und einem ellenlangen, schneeweißen Bart. Das Ende des Bartes war in eine Spalte des Baumes eingeklemmt, und der Kleine sprang hin und her wie ein Hündchen an einem Seil und wußte nicht, wie er sich helfen sollte. Er glotzte die Mädchen mit seinen roten, feurigen Augen an und schrie: »Was steht ihr da! Könnt ihr nicht herbeigehen und mir Beistand leisten?« – »Was hast du angefangen, kleines Männchen?« fragte Rosenrot. »Dumme, neugierige Gans«, antwortete der Zwerg, »den Baum habe ich mir spalten wollen, um kleines Holz in der Küche zu haben; bei den dicken Klötzen verbrennt gleich das bißchen Speise, das unsereiner braucht, der nicht so viel hinunterschlingt als ihr grobes, neugieriges Volk. Ich hatte den Keil schon glücklich hineingetrieben, und es wäre alles nach Wunsch gegangen, aber das verwünschte Holz war zu glatt und sprang unversehens heraus, und der Baum fuhr so geschwind zusammen, daß ich meinen schönen weißen Bart nicht mehr herausziehen konnte; nun steckt er drin, und ich kann nicht fort. Da lachen die albernen, glatten Milchgesichter! Pfui, was seid ihr garstig!« Die Kinder gaben sich alle Mühe, aber sie konnten den Bart nicht herausziehen, er steckte zu fest. »Ich will laufen und Leute herbeiholen«, sagte Rosenrot. »Wahnsinnige Schafsköpfe«, schnarrte der Zwerg, »wer wird gleich Leute herbeirufen, ihr seid mir schon um zwei zu viel; fällt euch nicht Besseres ein?« – »Sei nur nicht ungeduldig«, sagte Schneeweißchen, »ich will schon Rat schaffen«, holte sein Scherchen aus der Tasche und schnitt das Ende des Bartes ab. Sobald der Zwerg sich frei fühlte, griff er nach einem Sack, der zwischen den Wurzeln des Baumes steckte und mit Gold gefüllt war, hob ihn heraus und brummte vor sich hin: »Ungehobeltes Volk, schneidet mir ein Stück von meinem stolzen Barte ab! Lohn's euch der Kuckuck!« Damit schwang er seinen Sack auf den Rücken und ging fort, ohne die Kinder nur noch einmal anzusehen.

Einige Zeit danach wollten Schneeweißchen und Rosenrot ein Gericht Fische angeln. Als sie nahe bei dem Bach waren, sahen sie, daß etwas wie eine große Heuschrecke nach dem Wasser zu hüpfte, als wollte es hineinspringen. Sie liefen heran und erkannten den Zwerg. »Wo willst du hin?« fragte Rosenrot. »Du willst doch nicht ins Wasser?« – »Solch ein Narr bin ich nicht«, schrie der Zwerg, »seht ihr nicht, der verwünschte Fisch will mich hineinziehen?« Der Kleine hatte da gesessen und geangelt, und unglücklicherweise hatte der Wind seinen Bart mit der Angelschnur verflochten; als gleich darauf ein großer Fisch anbiß, fehlten dem schwachen Geschöpf die Kräfte, ihn herauszuziehen: Der Fisch behielt die Oberhand und riß den Zwerg zu sich hin. Zwar hielt er sich an allen Halmen und Binsen, aber das half nicht viel; er mußte den Bewegungen des Fisches folgen und war in beständiger Gefahr, ins Wasser gezogen zu werden. Die Mädchen kamen zu rechter Zeit, hielten ihn fest und versuchten, den Bart von der Schnur loszumachen, aber vergebens, Bart und Schnur waren fest ineinander verwirrt. Es blieb nichts übrig, als das Scherchen hervorzuholen und den Bart abzuschneiden, wobei ein kleiner Teil desselben verlorenging. Als der Zwerg das sah, schrie er sie an: »Ist das eine Manier, ihr Lorche, einem das Gesicht zu schänden? Nicht genug, daß ihr mir den Bart unten abgestutzt habt; jetzt schneidet ihr mir den besten Teil davon ab. Ich darf mich vor den Meinigen gar nicht sehen lassen. Daß ihr laufen müßtet und die Schuhsohlen verloren hättet!« Dann holte ein einen Sack Perlen, der im Schilfe lag, und ohne ein Wort weiter zu sagen, schleppte er ihn fort und verschwand hinter einem Stein.

Es trug sich zu, daß bald hernach die Mutter die beiden Mädchen nach der Stadt schickte, Zwirn, Nadeln, Schnüre und Bänder einzukaufen. Der Weg führte sie über eine Heide, auf der hier und da mächtige Felsenstücke zerstreut lagen. Da sahen sie einen großen Vogel in der Luft schweben, der langsam über ihnen kreiste, sich immer tiefer herabsenkte und endlich nicht weit bei einem Felsen niederstieß. Gleich darauf hörten sie einen durchdringenden jämmerlichen Schrei. Sie liefen herzu und sahen mit Schrecken, daß der Adler ihren alten Bekannten, den Zwerg, gepackt hatte und ihn forttragen wollte. Die mitleidigen Kinder hielten gleich das Männchen fest und zerrten sich so lange mit dem Adler herum, bis er seine Beute fahrenließ. Als der Zwerg sich von dem ersten Schrecken erholt hatte, schrie er mit seiner kreischenden Stimme: »Konntet ihr nicht säuberlicher mit mir umgehen. Gerissen habt ihr an meinem dünnen Röckchen, daß es überall zerfetzt und durchlöchert ist, unbeholfenes und täppisches Gesindel, das ihr seid!« Dann nahm er einen Sack mit Edelsteinen und schlüpfte wieder unter den Felsen in seine Höhle. Die Mädchen waren an seinen Undank schon gewöhnt, setzten ihren Weg fort und verrichteten ihr Geschäft in der Stadt. Als sie beim Heimweg wieder auf die Heide kamen, überraschten sie den Zwerg, der auf einem reinlichen Plätzchen seinen Sack mit Edelsteinen ausgeschüttet und nicht gedacht hatte, daß so spät noch jemand daherkommen würde. Die Abendsonne schien über die glänzenden Steine, sie schimmerten und leuchteten so prächtig in allen Farben, daß die Kinder stehenblieben und sie betrachteten. »Was steht ihr da und habt Maulaffen feil!«, schrie der Zwerg, und sein aschgraues Gesicht ward zinnoberrot vor Zorn. Er wollte mit seinen Scheltworten fortfahren, als sich ein lautes Brummen hören ließ und ein schwarzer Bär aus dem Walde herbeitrabte. Erschrocken sprang der Zwerg auf, aber er konnte nicht mehr zu seinem Schlupfwinkel gelangen, der Bär war schon in seiner Nähe. Da rief er in Herzensangst: »Lieber Herr Bär, verschont mich, ich will Euch alle meine Schätze geben, seht die schönen Edelsteine, die da liegen! Schenkt mir das Leben, was habt Ihr an mir kleinem, schmächtigem Kerl? Ihr spürt mich nicht zwischen den Zähnen; da, die beiden gottlosen Mädchen packt, das sind für Euch zarte Bissen, fett wie junge Wachteln, die freßt in Gottes Namen.« Der Bär kümmerte sich um seine Worte nicht, gab dem boshaften Geschöpf einen einzigen Schlag mit der Tatze, und es regte sich nicht mehr.

Die Mädchen waren fortgesprungen, aber der Bär rief ihnen nach: »Schneeweißchen und Rosenrot, fürchtet euch nicht, wartet, ich will mit euch gehen.« Da erkannten sie seine Stimme und blieben stehen, und als der Bär bei ihnen war, fiel plötzlich die Bärenhaut ab, und er stand da als schöner Mann und war ganz in Gold gekleidet. »Ich bin eines Königs Sohn«, sprach er, »und war von dem gottlosen Zwerg, der mir meine Schätze gestohlen hatte, verwünscht, als ein wilder Bär in dem Walde zu laufen, bis ich durch seinen Tod erlöst würde. Jetzt hat er seine wohlverdiente Strafe empfangen.«

Schneeweißchen ward mit ihm vermählt und Rosenrot mit seinem Bruder, und sie teilten die großen Schätze miteinander, die der Zwerg in seiner Höhle zusammengetragen hatte. Die alte Mutter lebte noch lange Jahre ruhig und glücklich bei ihren Kindern. Die zwei Rosenbäumchen aber nahm sie mit, und sie standen vor ihrem Fenster und trugen jedes Jahr die schönsten Rosen, weiß und rot.

TIEFENPSYCHOLOGISCHE DEUTUNG

Die Welt zu sehen wie mit Kinderaugen

Zu Recht gilt die Erzählung von *Schneeweißchen und Rosenrot* als eine der klassischen Kindergeschichten. Denn während manch ein Märchen durch seine grausamen und ängstigenden Züge in der Kinderstube Bedenken erregen mag, erweckt das Märchen *Schneeweißchen und Rosenrot* ganz im Gegenteil besonders am Anfang den Eindruck einer vollendeten Harmonie. Breit ausgemalt in bunten Farben, stellt es das Glück vor Augen, das aus der Liebe zur Mutter und der freundlichen Zuneigung der Geschwister zueinander erwächst, und vor allem die Einheit mit der umgebenden Natur erinnert an die Welt eines paradiesischen Friedens. Wenn irgend es Bedenken gegenüber dem pädagogischen Wert *dieses* Märchens geben sollte, dann allenfalls in umgekehrter Richtung: ob es nicht geradezu gefährlich sei, Kinder in eine so verniedlichende und romantisch-verkleinernde Welt von »Hüttchen«, »Rosenbäumchen« und »Häschen« einzuführen und sie zu einer so irrealen Scheinwelt konfliktfreier Anpassung zu verführen.

Aber es verhält sich mit einem Kindermärchen wie *Schneeweißchen und Rosenrot* höchst eigentümlich: Sobald man ihm derartig kritische »Erwachsenen«-Fragen vorlegt, beginnt es mit einem Mal, von sich aus wie ein Kind zu einem Erwachsenen zu reden und seine vermeintliche »Idylle« als eine verlorene Wahrheit der Kinder zu verteidigen: Wie, wenn der Traum von einer Welt ohne Zerwürfnisse und Widersprüche, wie, wenn die Welt der Kinder in ihrer Unbefangenheit und ungebrochenen Vertrauensseligkeit ungleich ursprünglicher und menschlich wahrer wäre als unser Denken in den hart gewordenen Begriffen von Gegensatz, Antagonismus, Kampf, Konflikt usw.? Wie, wenn erst wir Erwachsenen, jenseits von Eden, die Welt gar nicht mehr anders sehen könnten als in der Projektion eigener Widersprüche und Zerrissenheiten? Dann stünden wir im Angesichte eines solchen Kindermärchens nicht vor der Frage, wie wir die Kinder lehren müßten, auf unsere Art »Erwachsene« zu werden, sondern gerade umgekehrt: Statt ein Kindermärchen wie *Schneeweißchen und Rosenrot* vom Erwachsenenstandpunkt aus »kritisch« zu »hinterfragen«, stellt sich womöglich dieser unser Erwachsenenstandpunkt selbst in Frage, und nur, wie wir es lernen können, selber nach einem Bibelwort wieder »zu werden wie die Kinder« (Mk 10,15), ist dann der eigentlichen Untersuchung wert. Die Eingangsbilder des vorliegenden Märchens verwandeln sich, wenn es so steht, zu Sehweisen und Angeboten einer »Weltanschauung«, in welcher die Natur mit unverstellten Kinderaugen als eine ungetrennte

Einheit von Mensch und Welt erscheint; innerhalb einer solchen Weltsicht ist auch der Mensch seelisch bestimmt zum Einklang, und einzig dies muß dann kulturhistorisch ebenso wie psychologisch wohl die Hauptfrage sein, wie »Kinder« eine derartige Harmonie bewahren können, wenn sie sich zu »Erwachsenen« entwickeln. Eine paradiesisch anmutende Naturbetrachtung, eine integrale Psychologie und eine Art harmonischer Entwicklungslehre sind dann die wesentlichen Korrekturen, die dieses Kindermärchen *Schneeweißchen und Rosenrot* an unserem »erwachsenen« Weltbild vorzunehmen vermag.

Deshalb wechseln die Jahreszeiten

Tatsächlich wird man denn auch am besten bei den »Kindern der Natur«, bei den sogenannten »Primitivvölkern«, in die Lehre gehen müssen, um vor allem die Anfangsmotive der Geschichte *Schneeweißchen und Rosenrot* richtig zu verstehen, deren mythischer Ursprung selbst innerhalb der märchenartigen Umformungen der Erzählung noch unverkennbar ist. In der jetzigen Form erzählt das Märchen von einer »armen Witwe« und ihren beiden »Kindern»; aber bereits in der Charakterisierung der »Mädchen« schimmern noch deutlich genug die Erinnerungen an das Weltbild der Alten durch, in welchem die großen Gegensätze der Natur in personifizierter Gestalt angeschaut wurden. Unzählige Mythen stellen sich das Wechselspiel von Tag und Nacht, von Sommer und Winter, von Nordwind und Südwind in einem Geschwisterpaar von höchst unterschiedlichen Eigenschaften vor[1], und ganz entsprechend dieser Vorlage werden auch »Schneeweißchen« und »Rosenrot« geschildert: während »Rosenrot« mit ihrem lebhaften Wesen den Sommer, die Blumen und das fröhliche Spiel in der freien Natur liebt, sieht »Schneeweißchen« ihre Bestimmung mehr in den häuslichen Aufgaben, die vornehmlich in den stillen Wintermonaten der Pflege bedürfen. In beiden Gestalten leben deutlich sichtbar noch die mythischen Verkörperungen der beiden großen Jahreszeiten fort, und das »Hüttchen« der »Witwe«, in dem sie ihren Dienst verrichten, ist von daher gewiß ein spätes Nachbild des Hauses der »Mutter Natur«, des Reiches der Großen Göttin[2].

Die Weisheit dieser »kindlichen« Weltsicht der alten Mythologie, wie sie sich in »Schneeweißchen und Rosenrot« erhalten hat, besitzt dann in der Tat die Kraft, unsere Einstellung zur Welt gründlich zu korrigieren. Nicht eine spannungslose Idylle, wie es eingangs vielleicht scheinen mag, bildet zufolge dieses Weltbildes die Grundlage der Wirklichkeit – ein größerer Gegensatz als der zwischen warm und kalt, rot und weiß, Sommer und Winter ist vielmehr auch in der Natur durchaus nicht denkbar. Aber dieser Gegensatz bedingt nicht ohne weiteres die Dialektik ständiger Zerrissenheit und Widersprüchlichkeit. In den Gestalten von »Schneeweißchen« und »Rosenrot« bekämpfen die konträren Gegensätze von Sommer und Winter in ihrer extremen Unterschiedenheit einander nicht, sondern sie dienen *gemeinsam* der guten Mutter Erde, und indem jedes von ihnen seinen wesensgemäßen Teil zum Haushalt, zur »Ökonomie« von Mutter Erde beiträgt, erscheint die Natur selbst als der Ort einer Versöhnung der Gegensätze in dem Prinzip wechselseitiger Ergänzung. »Der Sommer kommt, damit die Blumen blühen, und der Winter, damit sie schlafen können«, sagte der Oglala-Häuptling Flying Hawk, um diese Einheit der Gegensätze auszudrücken. »Deshalb wechseln die Jahreszeiten«, fügte er hinzu. »Alles hat seinen guten Sinn, und nichts geschieht umsonst.«[3] Die Unterschiedenheit der beiden gegensätzlichen Geschwister von Sommer und Winter führt in einem solchen »kindlichen« Weltbild gerade nicht zu Widerspruch, zu Kampf und Konkurrenz, sondern in Eintracht und Gemeinsamkeit handeln »Schneeweißchen« und »Rosenrot« als »Kinder« von »Mutter« Natur wie gegenseitige Verbündete. Ohne Abstriche und gegenseitige Behinderungen leben sie daher miteinander und in Liebe zueinander, wohl wissend, daß ein jedes selber nur in der Ergänzung durch das andere im Haushalt der Natur willkommen und vollkommen ist.

Kein Wunsch und keine Aufgabe scheint daher schon am Anfang der Erzählung wichtiger, als dieses »Hand-in-Hand« der Gegensätze unauflöslich zu bewahren und auf immer zu bewähren, und umgekehrt scheint nichts gefährlicher, als diese Weltsicht einer spannungsreichen Harmonie komplementärer Gegensätze an eine Welt des Kampfes zu verraten und das an sich in seiner Unterschiedenheit Vereinigte zu trennen; es müßte an die Stelle der Synthese, der ergänzenden Vereinigung der Gegensätze dann ein Weltbild treten, in dem »Schneeweißchen« und »Rosenrot« nicht in Verbundenheit und Zuneigung einander an die Hände nähmen, sondern sich als vollendete Kampfpartner in rivalisierender Ausschließlichkeit antagonistisch gegenüberträten. Im Haushalt von Mutter Natur, meint dieses Märchen, ist ein solcher Kampf ein Unding – tatsächlich wird man die Welt überhaupt nur so lange als eine Stätte der Geborgenheit empfinden können, als man die Sorge der Großen Mutter versteht, der dieses Weltbild entstammt: daß ihre »Kinder« miteinander in Harmonie und wechselseitiger Ergänzung Umgang haben möchten. Aber um zu einer solchen einheitlichen Weltsicht fähig zu sein, muß man sich in der Natur bereits wie in einem mütterlichen Hause heimisch fühlen, und eben dies ist der Punkt, an dem man von dem Naturverständnis der Mythen, das in den Eingangsbildern von *Schneeweißchen und Rosenrot* noch angedeutet wird, am meisten lernen kann.

In deinem Mantel finde ich Schutz

Während unser »erwachsenes« Denken der Natur »entwachsen« ist, erinnern die verlorenen Mythen der Völker aus den Kindertagen der Menschheit[4] auf das lebhafteste an ein Weltgefühl, in dem der Mensch sich noch als Teil und nicht als Herrscher der Natur verstand. Geschwisterlich gingen in dieser Welt der Mythen die großen Gegensätze der Natur einträchtig miteinander um – geschwisterlich auch standen Welt und Mensch einander gegenüber. Die Menschen selber fühlten sich als Kinder im Hause von Mutter Natur, und vielleicht gibt es keinen religiösen Ritus, der dieses Gefühl, diese Vision der Welt vortrefflicher beschreibt als die großartige Idee des »Welthauses«, wie es die nordamerikanischen Indianer errichteten:[5] ihre Tipis, vor allem aber ihre religiösen Versammlungshäuser waren symbolische Nachbilder des Kosmos – Vergegenwärtigungen des Vertrauens, in der Natur »zu Hause« sein zu dürfen und der Mütterlichkeit der Erde nahe zu sein. Die Wände dieser »Welthäuser« trugen die Farben der vier Himmelsgegenden, ihre Wölbung repräsentierte den Erdkreis und das Firmament, und ihr Mittelpunkt verband symbolisch den Himmel mit der Erde. Die Architektonik dieser »Welthäuser« liegt als ein archetypischer Gedanke den Kirchen und den Tempeln aller Religionen zugrunde und findet sich sogar noch in den Grundrissen der alten Städtegründungen;[6] der zentrale Gedanke aber ist allerorten der gleiche: daß die Natur dem Menschen eine Heimat ist und diese Erde das Haus einer Mutter, die es gut mit ihren Kindern meint. Wie stark »weiblich« diese Weltsicht geprägt ist, geht daraus hervor, daß jede Frau im Grunde für das Weltbild der Mythen das Wesen von Mutter Erde verkörperte. So etwa beteten die Ojibwa-Indianer zu Ehren der Frau wie zum Lobpreis der Mutter Erde: »Frau! Mutter! An deiner Brust nährtest du mich. In deinen Armen hieltest du mich. Dir meine Liebe. Erde! Mutter! An deinem Busen finde ich Nahrung. In deinem Mantel suche ich Schutz. Dir meine Verehrung.«[7] Die mütterliche Erfahrung der Welt bedingt zugleich eine absolute Hochschätzung der Frau, und daran dürfte es wohl liegen, daß gerade die schönsten und tiefsinnigsten Märchen der Völker, wie *Schneeweißchen und Rosenrot*, immer wieder zunächst von einer Welt sprechen, in der scheinbar nur Frauen existieren.

Kein Mensch kann seine Mutter besitzen

Von diesem Ansatz her versteht man wohl, daß auch *die Schilderung der Lebensweise* von »Schneeweißchen« und »Rosenrot« im Hause ihrer »Mutter« in gewissem Sinne den späten Nachhall eines frühen Menschheitsethos im Umgang mit der Welt darstellt. Nicht nur, daß sich »Schneeweißchen« und »Rosenrot« trotz ihrer Gegensätzlichkeit geschwisterlich vertragen; nach Weisung ihrer »Mutter« sollen sie vor allem jeden Besitz schwesterlich miteinander *teilen*. Gerade dieses Prinzip des Nicht-Besitzens und des Teilens wird man als die eigentliche Hausordnung in dem »Hüttchen« der »Witwe« ansehen dürfen, und auch dazu liefern die »kindlichen« Auffassungen der »Primitivkulturen« von der »Mutter Erde« den besten Kommentar, ist doch der Einklang mit der mütterlichen Natur ganz unvereinbar mit dem Willen nach Besitz und Aneignung. »Ihr dürft mich nicht falsch verstehen, wenn ich von meiner Liebe zu diesem Lande spreche«, erklärte zum Beispiel der Nez-Percé-Häuptling »Joseph« gegenüber den landgierigen Weißen. »Ich habe nie gesagt, das Land gehört mir, um damit zu tun, was mir beliebt. Der Eine, der das Recht hat, darüber zu verfügen, ist der Eine, der es geschaffen hat. Ich verlange für mich nur das Recht, auf meinem Land zu leben, und gewähre euch das Vorrecht, auf dem eurigen zu leben.«[8] Die Erde ist in diesem Weltbild des Schöpfers Eigentum, und im Haus der gütigen Mutter Natur ist es ebenso unsinnig wie unnötig, die Erde für sich selber zu beanspruchen. »Eine Mutter gibt allen ihren Kindern gleich viel«, dachten die Ojibwa-Indianer. »Alle haben ein Anrecht auf einen Platz nahe bei ihrer Brust in ihrer Hütte. So freigebig ist auch die Erde. Ihr Mantel ist weit, ihre Schüsseln sind immer voll und werden ständig gefüllt. Auf der Decke von Mutter Erde ist Platz zum Jagen, Fischen, Schlafen und Leben ... Alle, Junge und Alte, Starke und Schwache, Gesunde und Kranke, sollen sich in die Großmut und Freigebigkeit von Mutter Erde teilen.« »Das ist das Erbe des Menschen: zu kommen, zu leben und zu gehen, zu empfangen, um weiterzugeben. Kein Mensch kann seine Mutter besitzen; kein Mensch kann die Erde zum Eigentum haben.«[9] Es sähe einem Frevel, gleich einem Inzest, ähnlich, sich die Natur wie zum Besitz aneignen zu wollen, und es gibt daher nur einen Weg, um im Hause von Mutter Natur die Ordnung zu wahren: anzuerkennen, daß es an dieser Welt, die allen gehört, nichts zu »besitzen« gibt. »Was das eine hat, soll's mit dem andern teilen«, sagt das Märchen von *Schneeweißchen und Rosenrot.* Diese goldene Regel der armen »Witwe« ist der ewig-gültige Ausdruck des gemeinsamen Glücks einer gemeinsamen Besitzlosigkeit, einer unverstellten Kindlichkeit im freien, spielerischen Umgang mit der Welt und einer Welterfahrung jenseits der nur dem »erwachsenen« Denken so praktisch erscheinenden Kategorien von Herrschaft, Eigentum, Gewinn und Nutzen.

Für uns ist die Natur sanft und vertraut

Freilich kann man die umgebende Natur nur sein und gelten lassen, ohne sie in »Besitz« zu »überführen«, wenn man sich in ihr selbst geborgen und behütet fühlt, und gerade hierin weicht die Einstellung unseres »erwachsenen« Welterlebens am deutlichsten von dem »kindlichen« Weltbild der alten Mythen ab. Vom »erwachsenen« Standpunkt aus teilt sich die Welt in nützlich und schädlich, brauchbar und unbrauchbar, hilfreich und sperrig, freundlich und feindlich, und so unnatürlich ist dieses »erwachsene« Weltbild, daß die Natur darin von vornherein aus einer Heimstätte des Menschen zum Ort der Angst und des Unheimlichen gerät. Für dieses Welterleben ist alles nur Natürliche »unmenschlich«, »wild« und »roh»; vertraut ist einzig die vom Menschen angeeignete, beherrschte, »kultivierte« Welt.[10] Ganz anders sahen es die alten Mythen. Gewiß muß man zugeben, daß das Märchen von *Schneeweißchen und Rosenrot* die Natur im Erleben der Kinder auf Märchenweise nach Art einer Postkartenidylle schildert; aber es teilt darin doch die Ansicht aller »Naturvölker« von der Vertrautheit und »Zutraulichkeit« der Kreatur. »Für uns« (die Indianer, d. V.), sagte z. B. der Ponca-Häuptling Standing Bear, »sind die großen weiten Ebenen, die herrlichen rollenden Prärien, die baumbekränzten Windungen der Flüsse nicht ›wild‹.

Nur der Weiße hält die Natur für eine ›Wildnis‹, nur für ihn wird das Land beunruhigt von ›wilden‹ Tieren und ›barbarischen‹ Völkern. Für uns ist die Natur sanft und vertraut. Die Erde ist schön, und wir sind umgeben von den Segnungen des Großen Geheimnisses. Erst als der behaarte Mann vom Osten erschien und mit brutaler Niedertracht Ungerechtigkeiten über Ungerechtigkeiten auf uns und unsere Familien häufte, da erst wurde das Land für uns ›wild‹. Als sogar die Tiere des Waldes vor ihm die Flucht ergriffen, da begann für uns der ›wilde Westen‹.«[11] Im Kontrast zur Weltsicht der »Weißen« ist die »idyllische«, »kindliche« Naturbeschreibung des Märchens *Schneeweißchen und Rosenrot* durchaus nicht nur ein romantisches Stilmittel; sie erinnert vielmehr im Erbe der Mythen sehr zutreffend an die Art, wie die Kinder der Natur, wie unsere »Wilden«, noch heute die Natur erleben: aufs engste ist das Leben von »Schneeweißchen« und »Rosenrot« verbunden mit den Tieren – dem Häschen, dem Hirschen und den Vögeln –, ohne durch die sonst so hinderlichen Mauern der Angst und der Feindschaft von den Mitgeschöpfen getrennt zu sein. Selbst der Wald, in anderen Märchen oft genug ein Ort des Schreckens und des Grauens, birgt für diese »Kinder des Haues«[12] nichts Furchterregendes: selbst wenn die Nacht hereinfällt, dient das Moos des Waldes ihnen als Bettstatt – die Natur selbst ist ihr Zuhause, und ihre »Mutter« weiß; daß sie sich um ihre »Kinder« nicht zu sorgen braucht.

Ein Baum ist ein Abbild des Lebens

Es ist aber nicht allein die angstfreie Haltung kindlicher Geborgenheit, durch welche »Schneeweißchen« und »Rosenrot« mit der Natur verbunden sind; bereits ihr »Name« zeigt sie als wesenseins mit der Natur.

In der jetzigen märchenhaften Form der Erzählung erscheint es bei oberflächlicher Betrachtung vielleicht nur wie ein Zufall, daß vor dem Haus der »Witwe« zwei Rosenbäumchen wachsen, die mit den Farben Rot und Weiß den Kindern ihre Namen geben. In Wirklichkeit aber spiegeln die beiden Rosenbäumchen die innere Gesittung beider Kinder wider; und so wie in den Stammeskulturen noch heute die äußeren Umstände – ein vorbeihuschendes Tier, der Schrei einer Eule, das Flammen eines Blitzes – bei der Geburt eines Kindes für die Namengebung entscheidend sein können, so dienten offenbar über viele Jahrtausende hin vor allem in den frühen Pflanzerkulturen bestimmte Bäume, Blumen oder Früchte als Vorbilder auch zum Verständnis des menschlichen Schicksals und Wesens in der gewissermaßen vegetativen Gesetzlichkeit seines Blühens und Vergehens, seines Reifens und Wachsens, seiner sich entwickelnden Einheit.[13]

»Ein Baum ist ein Abbild des Lebens«, sagten die nordamerikanischen Indianer, um die enge Verbindung des Menschen mit der Welt der Bäume zum Ausdruck zu bringen. »Er wächst. Unwohl, heilt er sich selbst. Erschöpft, stirbt er. Ein Baum spiegelt das Sein. Er wandelt sich. Verändert, stellt er sich selbst wieder her und bleibt immer der gleiche. Ein Baum gibt Leben. Er ist beständig. Er gewährt Leben, aber sein eigenes bleibt unvermindert.«[14] Im Wesen eines Baumes konnten Menschen sich betrachten wie in einem Spiegel; sie fühlten sich den Bäumen verwandt und waren ihnen dankbar für die Güte ihrer Schönheit, für die Stille ihres Wesens und die Vielfalt ihrer Gaben. »Bäume geben mir alles, alles, was ich brauche. Ich habe dem Baum nichts zu geben als meinen Lobgesang. Schaue ich einen Baum an, so denke ich daran, daß der Apfelbaum meinen Hunger stillen kann, der Ahorn meinen Durst löschen kann, die Fichte meine Wunden und Schnitte heilen kann … Der Farn kann meinen Körper im Schlaf betten, die Linde kann die Puppe meiner Tochter werden, … der Tabak kann meine Gebete zu Gott tragen … Rose und Gänseblümchen können die Seele der Frau bewegen, die Blätter im Wind können meinen Geist öffnen«, so sagten die Ojibwa-Indianer.[15] Auch die beiden Bäumchen von »Schneeweißchen« und »Rosenrot« vermögen durch ihr Dasein symbolisch eine unausgesprochene Hoffnung bzw. eine sinnenfällige Gewißheit zu vermitteln: daß es sich im Leben der Menschen gleichermaßen so verhalte wie mit den spannungsreichen Unterschieden der Natur – daß sie sich nicht zu Widersprüchen und Antagonismen auswachsen und das menschliche Leben zerreißen, sondern je für sich ihre Unterschiedlichkeiten lieben und schätzen können. Alle Menschen sind nur einseitige, ergänzungsbedürftige, aber auch ergänzungsfähige Teile im Haushalt der Natur wie im Haushalt der Menschenfamilie. So gegensätzlich wie die Jahresschwankungen in der äußeren Natur, so gegensätzlich kann auch die Natur der Menschen sein; aber würde ein jeder mit seinen Gaben, als »Sommer«, als »Winter«, seinen Beitrag zur »Ökonomie« der Mutter Erde leisten, so erschiene auch das menschliche Dasein in seiner Fülle der einander an sich ausschließenden Gegensätze als eine Harmonie, in der ein jeder seinen Platz und seinen Auftrag finden könnte.

Ihre Religion ist die gleiche wie die unsrige

Die wichtigste Erfahrung der Eingangsbilder von *Schneeweißchen und Rosenrot* liegt jedoch nicht erst in dem Gegensatz von Rot und Weiß, sondern in dem Bild von den zwei Rosenbäumchen selbst: Indem das Märchen die Gegensätze und die Eintracht der Natur in *menschlichen* Gestalten darstellt, beseitigt es, im Sinne aller alten Mythologie, den ängstigenden Eindruck scheinbarer Fremdheit und Unmenschlichkeit der Kreatur – die geheimen Kräfte der Natur sind selber menschenförmig; und umgekehrt: indem es, wie im alten Totemismus oder Animismus, Menschen als Pflanzen (oder Tiere) nach dem Modell von Naturwesen schildert, schützt es vor der Gefahr menschlicher Unnatur bzw. einer unnatürlichen Art, Mensch zu sein. Es »glaubt« entschieden an die Ursprungseinheit von Mensch und Natur, und wollte man den Sinn des Bildes der zwei Rosenbäumchen religiös ausdrücken, so müßte man wohl sagen wie der Sioux-Schamane schwarzer Hirsch: »Der Himmel … die Erde … Der Wind … Die Vögel …

ihre Religion ist die gleiche wie die unsrige.«[16] Um zu einem Denken dieser Art zurückzufinden, muß man bis an den Ursprung der Märchen und Mythen selbst zurückgehen: die Ägypter etwa, denen wir die ersten Märchenaufzeichnungen verdanken, waren das letzte große Volk der Erde, das noch die Paviane beten hörte, wenn sie im Osten Kairos bei Morgengrauen die Gebirgsketten des Moqattam mit dem Echo ihrer Rufe erfüllten – sie sahen in ihnen die Verkörperungen des Mondgottes Thot, Kinder der Nacht und Wächter des Tages, Wissende um die Geheimnisse von Leben und Tod;[17] und in einem kleinen Käfer, der aus dem Staub sein Gelege formte, waren sie fähig, ein Bild der ewigen Sonne und der Unzerstörbarkeit des Lebens zu entdecken.[18]

Diese angstlose Einheit, mit der auch »Schneeweißchen« und »Rosenrot« das »Häschen«, den »Hirschen« und alle Tiere erleben, wird in den Mythen der Völker in den großartigen Bildern eines urzeitlichen Tierfriedens und einer ungebrochenen Wesensverwandtschaft von Mensch und Kreatur beschrieben.[19] Wenn der thrakische Sänger Orpheus die Leier rührte, so hörten und gehorchten ihm die Steine und die Bäume.[20] Ähnlich erzählten die Chinesen von Yau, der mit seiner Leier alle Tiere des Waldes zum Tanze verlockte. »Wie kann also das Herz der Tiere von dem der Menschen so gar verschieden sein?« fragte dementsprechend der chinesische Weise Liä Dsi, und er meinte: »Die Denkart der Tiere ist von Natur gleichartig mit der des Menschen. Sie alle streben nach Erhaltung des Lebens … Männchen und Weibchen paaren sich. Die Mütter und die Jungen lieben einander. Sie meiden die Ebene und suchen Schutz auf steilen Felsen. Sie kehren sich ab von der Kälte und kommen zur Wärme. Sie wohnen in Herden und wandern in Zügen. Die Kleinen halten sich innen, die Starken halten sich außen. Sie führen einander zur Tränke, und wenn es zu fressen gibt, rufen sie die Herde. In uralten Zeiten wohnten sie mit den Menschen zusammen und wanderten mit ihnen. Erst zur Zeit der Herren und Könige begannen sie sich zu fürchten und zerstreuten sich in die Irre. Seit den letzten Zeiten erst verstecken sie sich und laufen davon, um Leid und Schaden zu entgehen.« »In uralter Zeit die Gottmenschen aber erkannten völlig aller Wesen Eigenschaften und Zustände. Sie verstanden die Laute andersartiger Wesen. Sie waren mit ihnen zusammen und sammelten sie um sich. Sie zähmten sie und nahmen sie bei sich auf gleich wie das Menschenvolk.«[21] An diese Zeit vor der Begründung menschlicher Gewaltherrschaft über und gegen die Natur ist im christlichen Abendland so gut wie jede Erinnerung (außer den Legenden vom hl. Franziskus) verlorengegangen.[22] Aber ein Märchen wie *Schneeweißchen und Rosenrot* gemahnt daran, und die beiden Rosenbäumchen vor dem Haus der armen Witwe sind tiefe Bilder dieser alten Frömmigkeit und Poesie, in der die Menschen noch wie Kinder eins waren mit der sie umgebenden Natur und alle Lebewesen ihre Brüder.

Ein Kind zu bleiben als Erwachsener

Wie aber soll man sich die Menschen selbst vorstellen, die noch in einer solchen Einheit denken und empfinden konnten? Auch darauf antwortet das Bild der beiden Rosenbäumchen – wenn man es jenseits seiner »totemistischen« Implikation *psychologisch* deutet. Alle großen mythischen Symbole versuchen die Gegensätze der *Natur* als eine Einheit darzustellen und den Menschen durch eine sinnreiche Weltdeutung mit den äußeren Widersprüchen des Daseins zu versöhnen; zugleich aber stellen sie auch einen Weg dar, um den *Menschen* aus seiner inneren Zerrissenheit herauszuführen, und diese *psychologische* Ebene der Symbolsprache ist für die Märchen letztlich sogar die allein entscheidende; denn anders als die Mythen wollen die Märchen nicht mehr dem Menschen seinen Ort inmitten der Natur zuweisen – sie wollen »nur« noch schildern, wie ein Mensch mit seinen eigenen Konflikten zu leben lernen kann.

Von Anmut und Würde und der Unschuld der Liebe

Die Farben »Rot« und »Weiß« sind, psychologisch, Seelenfarben, Färbungen der Seele in ihrer Gegensätzlichkeit und Einheit: »Rot« steht farbsymbolisch für kraftvolle »Vitalität und lebhafte Unternehmungsfreude«,[23] »Weiß« für den Willen nach Reinheit und Zurückhaltung. Beide Farben, als psychischer Ausdruck verstanden, repräsentieren den stärksten psychischen Konflikt, der sich überhaupt nur vorstellen läßt: den Widerstreit zwischen Extraversion und Introversion (C. G. Jung),[24] zwischen Erfahrung und Unschuld, zwischen Reinheit und Fülle (N. Hartmann),[25] zwischen Liebe und Bewahrung.[26] Beide Pole des Daseins schließen sich nicht aus, sondern gehören zusammen, aber sie führen doch stets die Gefahr der Vereinseitigung, des zerreißenden Widerspruchs mit sich, und man versteht das Versprechen von »Schneeweißchen« und »Rosenrot« jetzt noch einmal viel tiefer, wenn die beiden »Kinder« einander geloben: »Wir wollen uns nicht verlassen«, »solange wir leben, nicht.« Es handelt sich tatsächlich um die größte Lebenskunst und schwerste Lebensaufgabe, »Rot« und »Weiß« miteinander im eigenen Leben zu versöhnen.

Man braucht, um das Problem ein Stück weit zu erläutern, sich nur vorzustellen, wie denn ein Mensch beschaffen ist, in dem »Weiß« und »Rot« unverbunden nebeneinander oder sogar gegeneinander existieren müssen.

In dem Charakter eines Menschen, in dem sich »Rot« und »Weiß« *bekämpfen,* würde das Verlangen nach sittenreiner Unschuld die Sehnsucht nach Liebe und nach Hingabe stets unterdrücken, die unterdrückte Leidenschaft aber müßte sich ihrerseits gewaltsam einen Weg ins Leben bahnen – gegen die Staudämme der »Reinheit« und der Makellosigkeit; dadurch jedoch entstünden dem hilflosen Ich wieder die schwersten Vorwürfe und Schuldgefühle für seine vermeintliche Zügellosigkeit; erneut müßte es alles unternehmen, um seine wärmeren Gefühle und Triebstrebungen in winterlicher Kälte einzufrieren – nie gäbe es in dieser Welt des Zwiestreits und des Gegeneinanders von »Rot« und »Weiß« eine ruhige Form der Einheit mit sich selbst.

Aber auch die andere Möglichkeit eines bloßen *Nebeneinanders* wäre nicht minder gefährlich; denn würden die beiden »Geschwister«, »Schneeweißchen« und »Rosenrot«, sich voneinander trennen, dann müßte die *Extraversion,* die Hinwendung nach außen, an die bloße Hysterie verkommen, indem das Ich sich an die Personen und Dinge der Umgebung völlig verlieren und sich ihren Einflüssen hilflos ausliefern würde;[27] oder es müßte umgekehrt die *Introversion* in ihrer schizoiden Abstraktion von der Wirklichkeit zu einer beziehungslosen, gefühlskalten Egozentrik verkümmern.

Das Märchen *Schneeweißchen und Rosenrot* will gerade zeigen, daß *beide* Strebungen, das »Rote« wie das »Weiße«, zusammenkommen müssen, um den *ganzen* Menschen zu verwirklichen, und auch hierin mag man ihm, jetzt vom psychologischen Standpunkt aus, eine »idyllische« »Wirklichkeitsferne« vorwerfen. Gibt es das wirklich, mag man fragen: eine harmonische Einheit von »Rot« und »Weiß«? Gibt es eine Liebe, die nicht zerstört, sondern belebt, die nicht raubt, sondern beschenkt, die nicht entehrt, sondern erhöht? Kann es sein, daß Scham und Lust, daß Mädchensinn und Reife, daß Innerlichkeit und Weltgewandtheit in *einer* Lebensform zusammenkommen? Oder, noch genauer, da der bestehende Gegensatz in »Schneeweißchen« und »Rosenrot« als *weiblich* vorgestellt wird: kann es sein, daß Sanftheit und Leidenschaft, daß Bewahrung und Hingabe, daß »Anmut und Würde« (F. Schiller),[28] daß Anstand und Herzlichkeit einander *nicht* ausschließen?

Ehe man das Märchen selbst auf diese Fragen eine Antwort geben läßt, kann man doch bereits sagen, daß offenbar die innere und die äußere Harmonie seines »Weltbildes« auf das engste miteinander korrespondieren.

Es gibt unzählige Mythen und Märchen, die in der Tat von der Liebe erzählen wie von einem Brautraub oder einer schändlichen Vergewaltigung,[29] ja es gibt unzählige Mythen, in denen die gesamte Welt in dem Symbol verfeindeter Geschwister dargestellt wird; aber um so wichtiger ist die Vision dieses »Kindermärchens« *Schneeweißchen und Rosenrot,* das trotz allem an die mögliche Unschuld der Liebe und die Reinheit des Herzens der »Kinder des Hauses« zu glauben lehrt. Mindestens das Bild der Frau malt dieses matriarchalisch beeinflußte Märchen vom Wesen her als etwas durch und durch Einheitliches, und ohne Zweifel will es damit sagen, daß man die Welt nur dann als Einheit sehen kann, wenn man auch selbst innerlich mit sich einig ist. Die Natur draußen kennt Sommer und Winter, Rot und Weiß; aber ob man die Gegensätze der Natur als Kampf und Widerspruch oder als Einheit und Harmonie erlebt, liegt nicht an der Natur, sondern einzig daran, was für ein Mensch man selber ist: Ein einheitlicher Mensch wird die Welt selbst als Einheit sehen, ein Mensch, der innerlich zerrissen ist, wird auch die Welt nur in Zerrissenheit und Widerspruch wahrnehmen können; das Weltbild eines Menschen wird ganz und gar geprägt von seinem Selbstverständnis. Aber auch umgekehrt: das Weltverständnis prägt das Selbstverständnis. Von der Welt einheitlich zu denken wird auch den Menschen in und mit der Welt einheitlich leben lassen; ein Weltbild voller Kampf hingegen wird den Menschen selber kämpferisch und widersprüchlich machen. Beides hängt voneinander ab, beides bedingt einander. Auch so, gewissermaßen erkenntnistheoretisch wie metaphysisch, bestätigt sich demnach die Wechselseitigkeit des Bildes der beiden »Rosenbäumchen« und der beiden »Kinder«: die Menschen sind in diesem Weltbild spannungsreicher Harmonie wie Blumen, die organisch in die Welt gepflanzt sind, und umgekehrt: weil sie in jeder Art mit sich harmonisch sind, fügt sich ihr Bild in dieses Weltbild voller Harmonie organisch ein.

Entwicklung als Fließgleichgewicht

Aber ein letztes Mal gefragt: Ist das alles nicht doch bloße Romantik und märchenhafte Poesie, ein schöner Traum abseits der Wirklichkeit? In jedem Falle handelt es sich bisher doch nur um das Bild von *Kindern,* und erneut muß sich daher die »erwachsene« Kritik zu Wort melden: Was wird aus Mädchen, wenn sie aufhören, Kinder zu sein? Was wird aus ihrer »Unschuld«, wenn ihre »Liebe« nicht mehr nur der »Mutter« gilt? Was wird aus ihrer Unbefangenheit den Dingen gegenüber, wenn sie die Dunkelheit, den Abgrund unter allen Dingen kennenlernen? Vielleicht ist diese »kindliche« Weltsicht des Märchens doch nur ein Akt der sehnsuchtsvollen Regression, ein angstbesetzter Rückzug in die Kinderwelt angesichts einer ängstigenden Wirklichkeit?

Glücklicherweise stellt das Märchen selbst sich diesen Fragen und zeigt damit, daß man sich Fragen dieser Art gar nicht verschließen kann. Das eigentliche Thema von *Schneeweißchen und Rosenrot* ist ja nicht allein die Harmonie des Anfangs; im wesentlichen ist dieses Märchen eine *Entwicklungsgeschichte,* deren Bogen sich von der Kinderzeit über die Pubertät bis ins Erwachsenenalter spannt: wohl beginnt es mit einer Beschreibung von Kindern, aber es endet mit der Heirat erwachsener Menschen, und dazwischen liegt ein langer Weg der inneren Entwicklung. Trotzdem hört das Märchen niemals auf, seine »kindliche« Erzählart zu verlieren; und eben darin liegt offenbar seine eigentliche Fragestellung: wie ein Mädchen zur Frau erwacht, ohne dabei in sich selber einen Bruch zu erleiden, oder auch umgekehrt: wie eine Frau in der Liebe die Unschuld eines Mädchens zu bewahren vermag, ohne die Gefühle und Werte ihrer Kindheit zu verleugnen – wie es, mit anderen Worten, nicht nur eine Harmonie der Natur und eine Harmonie des Daseins, sondern vor allem: wie es *eine Harmonie der Entwicklung* geben kann.

Die Bedeutung und das Gewicht dieses Problems läßt sich erst ganz ermessen, wenn man es für einen Moment lang von seiner philosophischen und theologischen Seite betrachtet. Sowohl im asiatischen wie im abendländischen

Denken ist die Idee tief verwurzelt, daß es so etwas wie »Geschichte« und »Entwicklung« nur aufgrund eines inneren Widerspruchs geben könne; erst vermöge eines Urabfalls, einer »Ursünde« und Entzweiung lasse sich das Phänomen der menschlichen Selbstentfaltung verstehen; nur aus der Dialektik ständiger Widersprüche, die sich selbst hervortrieben, vereinigten und aufs neue ihren Widerspruch erzeugten, könne der Prozeß der menschlichen Geschichte erwachsen.[30] Dieses Geschichtsbild Heraklits[31] und Hegels[32] ist dem »erwachsenen« Denken des Abendländers so sehr in Fleisch und Blut übergegangen, daß man es selbst unter Theologen allenthalben antrifft, so als gebe es wirklich alle Wahrheit nur kraft der Unwahrheit, alles Gute nur kraft des Bösen und alle Selbsterkenntnis nur kraft des Negativen – jede Bewegung des Geistes als ein Aufstauen und Zerplatzen von Widersprüchen, die erst in einer unendlichen Bewegung ihr Maß und Ziel erreichen könnten.

Daran gemessen ist es eine wohltuende Sicht der Dinge, wenn das Märchen *Schneeweißchen und Rosenrot* die seelische Entwicklung einmal ganz anders, nicht als Kampf, sondern, entsprechend seinen Eingangsbildern, *organisch* als ein stilles Wachstum schildert. Seine Weisheit entstammt dabei einer so ruhigen und zuversichtlichen Betrachtung, wie man sie eigentlich nur in den Gleichnissen Jesu im Neuen Testament oder in den Bildern der asiatischen Religionen findet: alles Wesentliche ereigne sich von innen heraus, langsam, ohne Sprünge, und es reife in Geduld, ohne die Aufregung eigener Absichten und Planungen, wenn man es nur in Ruhe wachsen lasse – »von selbst« entfalte sich die Saat zur Frucht (Mk 4,26–29). »Der höchste Mensch«, konnte der chinesische Weise Dschuang Dsi in ähnlicher Weise sagen, »ist wie das Wasser, das fließt, ohne Formen anzunehmen. Er ergießt sich in die große Ur-Reinheit.« Und ausdrücklich warnte er an gleicher Stelle vor dem »erwachsenen« Intellektualismus. »Wehe euch, deren Erkenntnis sich abmüht mit Haarspaltereien und die ihr die große Ruhe nicht erkennt.«[33] Das wirkliche Leben als Entfaltung eines ruhig fließenden Wassers – diese Formel ist so genial, daß der große Biologe Ludwig von Bertalanffy (unbewußt) auf gerade diesen Ausdruck zurückgreifen mußte, um die organische Seite des Lebens zu kennzeichnen: als »Fließgleichgewicht« bestimmter Energiezustände versuchte er die Dynamik des Lebens zu verstehen –,[34] nicht als revolutionäres Durchbrechen gewaltsam niedergehaltener Energien also, sondern als eine Synthese aus Veränderung und Bewahrung.

Im Sinne dieses Modells vom »Fließgleichgewicht« existiert jeder Organismus nur als eine dynamische Harmonie, und umgekehrt wird ein organisches Denken eine lebendige Entwicklung niemals anders verstehen können als nach Art eines derartigen »Fließgleichgewichts«. Was jedenfalls die Geschichte von *Schneeweißchen und Rosenrot* zu beschreiben unternimmt, ist gerade das Wunder einer solchen organischen, nicht gewaltsam zerrissenen, sondern in sich harmonischen Entwicklung. An gerade dieser »kindlichen« Erzählung wird man also lernen können, was der abendländischen Geschichtsphilosophie stets das größte Kopfzerbrechen bereitet hat: wie es Geschichte geben kann, die nicht zerstört, sondern erhält, und wie es Neues geben kann, das Altes aufgreift, weiterführt und innerlich verwandelt – kurz, wie man, individuell gewendet, *erwachsen* werden und gleichwohl die Kindlichkeit bewahren kann.

Das Fehlen der Angst

Die entscheidende Antwort auf diese wichtige Frage liefert in der Erzählung *Schneeweißchen und Rosenrot*, vorab zu den Einzelheiten des konkreten Entwicklungsprozesses, bereits das gefühlsmäßige Klima, in welchem die gesamte Handlung des Märchens nach den bislang erörterten Bildern sich vollzieht. »Idylle«, »Harmonie«, »Einheit«, »Ergänzung« – all diese bisher verwandten Ausdrücke bezeichneten psychologisch im Grunde gemeinsam nur einen einzigen Tatbestand, der sich als *das völlige Fehlen von Angst* wiedergeben läßt. Das Leben in dem »Hüttchen« der »Mutter«, der furchtlose Umgang mit allen Lebewesen, die symbolisch angedeutete organische Einheit mit der umgebenden Natur – nichts davon wäre möglich in einem Feld der Angst. Im Bannkreis der Angst wäre es auch nicht denkbar, daß es so etwas wie eine harmonische Entwicklung geben könnte; im Spiegel der Angst erschiene vielmehr notwendig alles wie zerrissen, gegensätzlich und bedrohlich, und in der destruktiven Dynamik der Angst müßte jede Bewegung uneinheitlich, widersprüchlich und verkrampft ausfallen. Man versteht demgegenüber, was die behutsame Klammer besagen will, die das Märchen *Schneeweißchen und Rosenrot* mit dem Bild von den zwei Rosenbäumchen und dem Beistand der Mutter absichtlich am Anfang wie am Ende um die gesamte Erzählung legt. Was es beschreibt, ist – deutlich genug – eine *organische* Entwicklung, die gerade dadurch zustande kommt und ermöglicht wird, daß sie in mütterlicher Geborgenheit geschieht und *Angst nicht kennt.* Denn nur solange das Vertrauen in die unerschütterliche Mütterlichkeit der Welt besteht, ist eine harmonische Entfaltung möglich. »Vielleicht rührt die Mütterlichkeit der Erde von ihrer Grundsubstanz her, dem Stein«, sagten die Ojibwa-Indianer an der soeben schon zitierten Stelle ihres »kindlichen« Weltbildes, und sie betonten gerade die steinhart-feste Unwandelbarkeit und absolute Zuverlässigkeit des mütterlichen Weltenhintergrundes, die die Menschen brauchen, um sich menschlich zu entfalten. »Der Stein«, erklärten sie, »schien unwandelbar zu sein, hielt den Winden, dem Winter und dem Sommer stand. Bewegungslos, wie er war, schien er gegen jeden Wandel gefeit zu sein, den der Mensch unmittelbar wahrnehmen konnte, als sollte er weiterleben, um Leben spenden zu können. Den gleichen Charakter und die gleichen Eigenschaften erwartet man von der Mutterschaft, deren Grundlage die Liebe ist. *Wenn Kinder zu Männern und Frauen heranwachsen sollten, so mußten sie darauf vertrauen können, daß die Liebe der Mutter fortdauern wird,* sonst würde es ihnen an Vertrauen zu sich selbst und zu anderen mangeln. Aber die Freigebigkeit der Erde und ihre Kraft,

Leben zu geben, wurde für verläßlicher gehalten als die menschliche Mutterschaft.«[35] So eingehüllt und umgriffen in der zuverlässigen Mütterlichkeit von Mutter Natur und geborgen in der natürlichen Obhut ihrer Menschenmütter vermögen Kinder im Schoß der Welt heranzuwachsen, wie das Märchen *Schneeweißchen und Rosenrot* sie schildert: als Menschen, die nie aufhören werden, Kinder der Natur zu sein, und in ungebrochener Natürlichkeit auch als Erwachsene nie ihre Kindlichkeit verlieren werden.

Wenn man so will, beschreibt das Märchen *Schneeweißchen und Rosenrot* in den alten Bildern religiöser Mythologie mithin das Größte, was die Religion zu allen Zeiten dem Menschen geben kann: die Bewahrung (oder Erneuerung) seelischer Kindschaft. Um zur Verdeutlichung dieser zentralen religiösen Vokabel von der »Kindschaft« noch einmal Dschuang Dsi zu zitieren: Als die Schüler des Lau Dan sich einmal über den rechten Weg uneins waren, antwortete der Meister zur Erläuterung der wahren »Kindschaft«, wie der Pfad der Erlösung beschaffen sei: »Also ein Mittel zu Wahrung des Lebens willst du?« fragte er den Schüler. »Kannst du die Einheit festhalten? Kannst du dich freihalten von ihrem Verlust? Kannst du ohne Orakel und Wahrsagung Heil und Unheil erkennen? Kannst du haltmachen, kannst du aufhören? Kannst du die anderen in Ruhe lassen und (den Frieden) nur in dir selber suchen? Kannst du dich freihalten? Kannst du einfältig sein? Ein Kind kann den ganzen Tag weinen, es verschluckt sich nicht und wird nicht heiser, weil es des Friedens Fülle hat; es kann den ganzen Tag etwas festhalten, und seine Hand läßt nicht locker, weil es in seinem Wesen einheitlich ist; es kann den ganzen Tag blicken, und sein Auge blinzelt nicht, weil es durch nichts von draußen her angezogen wird. Es geht und weiß nicht, wohin, es bleibt stehen und weiß nicht, was es tut; es ist allen Dingen gegenüber frei, obwohl es bei allem mitmacht. Das sind die Mittel, sein Leben zu wahren.«[36]

Obwohl das Märchen *Schneeweißchen und Rosenrot* nur ein einziges Mal, und dort noch unzutreffend (an der Stelle vom »Schutzengel«), eine ausgesprochen religiöse Sprache verwendet, ist es doch wie kaum ein Märchen sonst auf unmittelbare Weise »fromm«: es zeichnet uns ein Paradies verlorener Kindschaft, um zu erinnern, wozu wir bestimmt sind und wie das Leben sein könnte, wenn es statt von den Sorgen und der Angst »Erwachsener« getragen wäre von dem ursprünglichen Vertrauen und der Unbeschwertheit der wahren »Kinder« eines unsichtbaren Reiches der Geborgenheit und Stille.

Gerade diese ruhige, quasi religiöse Gewißheit, die das Märchen ausstrahlt, dürfte dazu beigetragen haben, daß die Erzählung *Schneeweißchen und Rosenrot* zu den beliebtesten deutschen Märchen gehört – als einer der vollendetsten Träume von einer Reifung ohne Angst und einer seelischen Entwicklung ohne Spaltung und Zerwürfnis, als eine Erzählung, die wir gerade deshalb brauchen, weil sie aus Urzeittagen dem »Paradiese« nahe ist und weil sie zeigt, wie wir mit uns, mit anderen Menschen, mit der gesamten Kreatur einig und glücklich leben könnten.[37]

Stufen reifender Liebe

Alles bisher Gesagte betrifft indessen nach wie vor gewissermaßen nur die »Ouvertüre«, die Kulisse und die Tonsetzung der »Oper«; die Entwicklung des eigentlichen »Themas« steht noch *aus: wie* denn nun im Konkreten eine harmonische Entwicklung von einem Kind zu einem Erwachsenen, von einem Mädchen zu einer Frau vorstellbar ist. Nur so viel wird man nach dem Gesamteindruck bisher schon jetzt bemerken können: selbst in der Welt der Märchen wird man so leicht kein Sujet antreffen, das in so reiner Weise wie dieses Märchen *Schneeweißchen und Rosenrot* eine Entwicklungsgeschichte darbietet, in der stufenartig alles aufeinander aufbaut und in der jedes sich harmonisch in das andere fügt. Woran das liegt und wie derartiges in Wahrheit möglich ist, dieser Frage wollen wir im folgenden nachgehen.

Der Geist der Kindheit und sein Abschied

Auf das Beste geordnet, rundet sich im Leben von »Schneeweißchen« und »Rosenrot« besonders am Anfang alles zu dem Bild eines unschuldigen, kindlichen Bewußtseins, das den Sturz in den Abgrund der Zerrissenheit und der inneren Zwietracht nicht kennengelernt hat; aber um so mehr richtet sich die ganze Spannung und Problematik der Geschichte auf die Frage, ob es einen solchen »Sündenfall« am Ende der Kindheit nicht vielleicht dennoch oder auch gerade deshalb geben muß oder ob und wie er sich unter gewissen Umständen vermeiden läßt.

Tatsächlich wird den beiden Kindern paradoxerweise zunächst wohl nichts so gefährlich wie die scheinbare Gefahrlosigkeit ihrer Kindheit. Gerade bei Kindern, die in einer ganz behüteten und wohlbeschützten mütterlichen Welt aufwachsen dürfen, wird man für gewöhnlich vermuten müssen, daß sie später mit manchen unangenehmen Überraschungen zu rechnen haben; und in der Tat, erzählt das Märchen, gibt es auch im Leben von »Schneeweißchen« und »Rosenrot« eines bestimmten Morgens ein erschrockenes Erwachen: ohne es zu wissen, haben sie an einem Abgrund geschlafen, und es hätte nur noch eines einzigen Schrittes bedurft, um ins Bodenlose abzustürzen; in demselben Moment des Erwachens bemerken die beiden Mädchen allerdings zugleich ein kleines Kind, das lächelnd und schweigend in den Wald zurückgeht. Es ist der erste Augenblick einer Gefahr, die offensichtlich selbst im Paradies der Kindheit unvermeidlich ist und auf die auch die »Mutter« ihre beiden Mädchen nicht hinlänglich vorbereiten konnte. Lediglich im nachhinein gibt sie den Kindern die beruhigende Erklärung, das »Kind«, das sie am Abgrund gesehen hätten, sei ihr »Schutzengel« gewesen, der gute Kinder zu behüten pflege; aber das ist zweifellos christlich-religiöse Übermalung, die den Sinn der Szene mehr verklärt als erklärt.

Hingegen braucht man nur die einzelnen Elemente dieses morgendlichen Augenblicks in ihrem Symbolgehalt zu betrachten, um das

»Erwachen« am »Abgrund« und den Weggang des »Kindes« psychologisch richtig einzuordnen; man wird dann leicht verstehen, warum auch die fürsorglichste Mutterliebe vor dieser Szene nicht bewahren kann noch darf: irgendwann im Leben eines jeden Kindes muß der Zeitpunkt kommen, wo es so wie bisher ganz buchstäblich »nicht mehr weitergeht«, wo es einem »Absturz« gleichkäme, im »Dunkel« des »Waldes«, in kindlicher Unbewußtheit, auch nur einen Schritt noch weiterzugehen, und wo die Gestalt des »kleinen Kindes« endgültig zurücktreten muß. Es ist die Zeit wortwörtlich eines ersten »Erwachens«, einer beginnenden Bewußtwerdung, in der die Kinder aufhören, in ungebrochener, unreflektierter Selbstverständlichkeit nur Kinder zu sein, und wo es tödlich enden würde, auch weiterhin nur ein Kind sein zu wollen. Aber entscheidend ist, daß die Mädchen diese Gefahr erst entdecken, als sie in gewissem Sinne bereits nicht mehr besteht: die an sich mögliche Angst vor dem Abgrund des »Waldes«, vor der Gefahr einer nur unbewußten Existenz, streift die Kinder bloß für einen Augenblick, ohne sie von rückwärts her in ihren Bann zu schlagen; unbedroht und mühelos kehren sie dementsprechend aus dem »Wald« nach Haus zurück. Verwunderlich bleibt für sie nur das »schöne Kind« in seinem »weißen, glänzenden Kleidchen«, das sie im »Wald« haben verschwinden sehen.

Was es mit diesem »Kinde« auf sich hat, deutet die »Mutter« bei aller religiösen Nomenklatur immerhin noch an, wenn sie darin einen »Engel«, also ein geistiges, kein äußerlich reales Wesen sieht. Fragt man sich allerdings, was dieser »Geist« verkörpert, so wird man – abseits von der sekundären religiösen Deutung – vornehmlich die Gestalt und Kleidung dieses freundlichen Wesens zu betrachten haben. Ein »Geist«, der als ein »Kind« erscheint und in »weißem Gewand« Kinder davor beschützt, in den »Abgrund« zu stürzen – wie soll man das anders verstehen, als daß es sich hier um den *Geist der Kindheit* handelt bzw. um das *Kinder-Ich,* das bis jetzt in dem Kleid kindlicher Unschuld die Mädchen vor jedwedem »Fall« bewahrt hat?[38] Jedenfalls passen einzig im Sinne einer solchen Deutung alle Bilder dieser Szene zusammen: indem die Kinder der Gestalt des »Engels«, ihres »Kinder-Ichs«, gewahr werden, hören sie wirklich auf, Kinder zu sein; aber der freundliche Abschied ihres Kinderwesens ereignet sich gewissermaßen sanft, ohne Tumult, auf leise und zwanglose Art. Wohl werden wir noch sehen, daß der *Geist der Kindheit* später noch einmal in bizarrer und grotesker Mißgestalt zurückkehren wird; aber vorerst kann er in seiner freundlichen Gestalt abtreten, und es bleibt nur die Frage übrig, was jetzt kommen muß, wenn das »Kind« »in dem weißen, glänzenden Kleidchen«, wenn die Gestalt der Kinderunschuld fortgegangen ist. Droht jetzt nicht doch, könnte man argwöhnen, trotz allem der »Sündenfall« der »Schuld«, mit dem zahlreiche Völkermythen den Schritt zum Erwachsensein wie notwendig verbinden?[39] Der »Geist der Kindheit«, die unbefangene Kindlichkeit selbst war bisher selber wie ein Schutz vor den unbemerkten Abgründen des Lebens; wie aber jetzt, wenn die Kinderzeit zu Ende geht?

Die Antwort darauf ist sinnreicherweise schon in dem Bild von »Wald« und »Abgrund« selbst enthalten.

Erfrieren, Überwältigtwerden oder zu sich Einlassen?

Eine Zeitlang, berichtet das Märchen, geht das Leben der Kinder unangefochten tagaus, tagein in unverändertem Rhythmus weiter, und es scheint, als wenn das beruhigende Gleichmaß ihres Lebens noch einmal in sein ungeschmälertes Recht treten könnte und wollte. Aber dann geschieht es eines Winterabends, daß es überraschend ans Tor klopft und ein Bär, als »Rosenrot« öffnet, zum Schrecken der Kinder zur Tür hereinkommt. Panik bricht aus; schreiend suchen die Kinder zu fliehen, das »Lämmchen« und das »Täubchen« sind wie von Angst gejagt, und erst als der »Bär« begütigend seine Harmlosigkeit beteuert und die Mutter ihm einen Platz am Herd zuweist, legt sich der Eindruck des Entsetzens, um nach und nach einer ruhigeren Betrachtung Raum zu geben. Tatsächlich ist das Erscheinen dieses »Bären« in der Symbolsprache der Märchen und der Träume nach dem Gesagten förmlich zu erwarten. In der gesamten Erzählung bisher mußte es wohl am sonderbarsten anmuten, daß das Märchen zunächst gänzlich unter Frauen spielt; denn wenn sich *mythologisch* auch, wie sich gezeigt hat, gerade in diesem Merkmal mancherlei an Weisheit aus der Welt der Großen Göttin niederschlägt, so stellt sich *psychologisch* doch von Anfang an die Frage, wie denn in einer solchen ganz und gar weiblich geprägten Welt der Kinder *der Mann*, die Erfahrung erwachender Sexualität, zum ersten Mal auftauchen kann.

Viele Entwicklungsmärchen kennen das dreigliedrige Schema, das auch der Erzählung *Schneeweißchen und Rosenrot* zugrunde liegt: daß drei Frauengestalten (eine Mutter mit zwei Töchtern) oder drei Männer (ein Vater bzw. ein König mit zwei oder drei Söhnen) sich auf die Suche nach dem ergänzenden Vierten begeben, von dem her die isolierte Dreiheit zur Ganzheit und Liebe erlöst wird.[40] Das zunächst ausgeschlossene Vierte erscheint beim ersten Auftreten regelmäßig als etwas Unheimliches und Gefährliches, und in psychologischer Sicht wird man wohl auch in dem vorliegenden Märchen sagen können, daß gerade die behütete, einseitig mütterliche Welt, in der »Schneeweißchen« und »Rosenrot« bisher gelebt haben, die erste Begegnung mit dem Manne gerade so erscheinen lassen muß, wie es geschildert wird: als ob ein furchtbares Untier in die unschuldige Welt der Kinder auf verheerende Weise einbrechen und alles verwüsten würde.

Dafür, daß der »Bär« an dieser Stelle unfehlbar als ein männliches Sexualsymbol zu deuten ist, spricht nicht allein seine tierhafte Gestalt, sondern am allerklarsten die Tatsache, daß der »Bär« selber sich bei den ausgelassenen Rutenspielen der Kinder als der spätere »Freier« zu erkennen gibt und im weiteren Verlauf der Handlung ausdrücklich als die verzauberte Zerrgestalt eines überaus liebenswerten Königssohnes vorgestellt wird.[41] Kein Zweifel also: Der

»Bär« verkörpert die erste Ahnung des künftigen Geliebten bzw. es verdichten sich in ihm die Triebregungen erwachender Liebe, die nur in ihrer ersten Unbekanntheit als etwas Raubtierhaftes, Verschlingendes, ja Übermächtiges auf den Plan treten und Körper und Geist mit Angst zu verheeren drohen: das »Lämmchen« und das »Täubchen«,[42] diese Symbole einer kindlichen Unschuld, die an Herz und Seele von den Verwüstungen der Liebe noch nichts weiß, geraten außer sich vor Angst, als sie den »Bären« mit seinem »dicken, schwarzen Kopf« »zur Tür« hereinkommen sehen – ein phallisch-koitales Symbol,[43] dessen zudringliche Wucht die ganze bisherige Kinderwelt zu sprengen droht.

Unter dem Eindruck dieses »Bären« mit seiner sexuellen Thematik versteht man jetzt auch rückblickend *die Szene am »Abgrund«* im »Walde«, aus welcher der »Schutzengel« die Kinder errettete, noch ein Stück präziser als eine vorbereitende Sexualphantasie. Fallträume stellen (neben den verbreiteten Feuer- und Verfolgungsträumen) wohl die häufigsten Sexualphantasien überhaupt dar[44] und begleiten gerade bei moralisch sehr behütet aufgewachsenen Kindern die ersten Ahnungen einer sexuellen Regung. Die Bilder von »Wald«[45] und »Schlucht«[46] entstammen dabei *objektal* der Entdeckung der weiblichen Genitalsphäre, für deren Behaarung auch der »Bär« als Synonym stehen kann;[47] das »Fallen« aber drückt sowohl den Wunsch als auch die Angst davor aus, sich in der Liebe »fallen« lassen zu können: man fürchtet buchstäblich, unter dem Sog erwachender Leidenschaft den eigenen Standpunkt zu verlieren und schließlich als ein »gefallenes Mädchen« dazustehen; andererseits erahnt oder erhofft man aber bereits den »schwebenden«, »schwerelosen« Zustand des sexuellen Erlebens, der sich in dem Gefühl des »Fallens« oder »Fliegens« ausdrückt.[48] Vor dieser Gefahr, sich an die erwachende Sexualität zu verlieren, vermochte damals das »Kinder-Ich« die Mädchen zu bewahren; jetzt aber, wo der *Geist der Kindheit* endgültig Abschied genommen hat, am Anfang der Pubertät also, bricht die sexuelle Triebenergie in ihrer scheinbaren Wildheit endgültig in das Erleben, in das »Haus« der Kinder, ein, und es kommt jetzt alles darauf an, mit der vermeintlichen »Bestie« der Sexualität so umzugehen, daß sie keinen Schaden stiftet.

Um den Weg, den das Märchen zur Lösung dieser Aufgabe beschreibt, in seiner Lebenswahrheit voll zu würdigen, muß man sich verdeutlichen, daß es an sich auch zwei andere, weniger glückliche Wege gäbe, mit dem »Bären« zu verfahren. Gerade aus Angst vor dem »Untier« könnte man zum einen versucht sein, dem »Bären« den Eintritt ins »Haus« der »Mutter« zu verwehren; dann würde der »Bär« draußen »erfrieren« müssen – mit anderen Worten: Die Sexualität bliebe vom Ich ausgesperrt, und das Gefühl würde auch späterhin niemals mehr aufhören, daß man sich mit den »wärmeren« Regungen der Liebe und Zärtlichkeit zu »Hause« nicht sehen lassen kann; eine eiserne und eisige Moralität mit den entsprechenden Frigiditätsproblemen und dem aufgesparten Schrecken tödlicher Angst, dem Panikzustand einer verängstigten »Taube« und eines verschüchterten »Lämmleins« bliebe das Schicksal eines solchen

Lebens.[49] *Oder* es würde der »Bär« seinerseits zum Angriff übergehen und sich wirklich gewalttätig den Zugang zum »Hause« des Bewußtseins erzwingen; dann könnte es geschehen, daß das Ich sich wider Willen und widerwillig immer neu bis hin zum Psychotischen von den »tierischen« Attacken der ausgesperrten Sexualität bedroht fühlen müßte; es würde die Regungen seiner Sexualität wohl wahrnehmen, aber buchstäblich nur wie ein »Rütteln am Gehäuse« oder wie etwas fremd und wild Eindringendes. Beide Möglichkeiten widersprechen im übrigen einander nicht, sondern bedingen sich geradezu oder lösen auch entwicklungsmäßig einander ab.

Zwischen diesen Extremen gibt es in der Tat nur einen einzigen Weg, um derart furchtbare Zwangslagen im späteren Leben zu vermeiden, und gerade diesen *Weg der Mitte* schildert das Märchen *Schneeweißchen und Rosenrot* an dieser Stelle meisterlich. Ausführlich und treffend beschreibt es, wie es gelingen kann, den »Bären« »häuslich« zu machen, das heißt, die sexuelle Triebenergie nach und nach zu »domestizieren«, indem die Kinder *die Angst* überwinden, die den an sich friedlichen »Bären« überhaupt erst als ein gefährliches Untier erscheinen läßt. Wohl ist es unvermeidlich, meint sogar dieses wohltuend harmonische Märchen, daß das erste Erscheinen des »Bären« zunächst für beträchtliche Aufregung und Verwirrung im »Hause« der Kinder sorgt – psychodynamisch *muß* die Angst sich melden, wenn ein neuer Entwicklungsschritt ansteht, auf den das Ich noch nicht hinreichend vorbereitet ist.[50] Daß aber diese Angst sich zur Panik auswächst und auf immer festsetzt, ist durchaus nicht nötig. Im Gegenteil. Die Aufregung um den »Bären« legt sich schon bald, als der »Bär« von sich aus erklärt, er führe nichts Böses im Schilde und wolle sich nur von der grimmen »Kälte« aufwärmen. Als Symbolgestalt der erwachenden Triebwünsche und als Repräsentant des überraschenden Einbruchs der männlichen Welt richtet der »Bär« in der Welt von »Schneeweißchen« und »Rosenrot«, wenn man auf ihn zu hören versteht, mithin durchaus nicht Chaos und Verwüstung an; er spricht vielmehr selbst seine Gutmütigkeit aus und fordert die Kinder dazu auf, sich vor ihm nicht zu fürchten und seine eigentlich sanftmütige Natur in Ruhe wahrzunehmen.

Ein übriges tun in gleichem Sinne die Worte der Mutter. Auf ihre Weisung hin hat (bezeichnenderweise) »*Rosenrot*« als Verkörperung sommerlicher Wärme und Beherztheit dem »Bären« überhaupt erst die Tür geöffnet. Nicht ein Akt der Willkür und des Mutwillens also hat dem »Bären« den Zutritt zum Inneren der Wohnung freigegeben, sondern eine Haltung tieferen Gehorsams gegenüber einem mütterlichen und sehr menschlichen Befehl. Die »Mutter«, die Vorbildgestalt der Weiblichkeit der beiden Mädchen also, weiß in dem Moment, da sie ihren Befehl zum Öffnen der »Tür« gibt, allem Anschein nach dabei selbst noch nicht recht, wem sie mit ihrem Auftrag zu »Schneeweißchen« und »Rosenrot« Zugang verschafft; aber sie steht dem armen, frierenden »Bären« absolut freundlich und wohlwollend gegenüber, und eben diese wohlwollende, Einlaß gewährende Duldung der »Mutter« bildet offenbar die eigentliche Antwort auf die stets sich erneuernde Frage, wie denn so etwas wie eine harmonische Entwicklung im Leben von Kindern und Erwachsenen möglich sein könnte: sie ist psychologisch möglich, wenn, wie in diesem Falle, die neuen Triebimpulse der Sexualität nicht aus Angst abgedrängt werden, sondern in einer Haltung des Vertrauens zu der ursprünglichen Güte und Richtigkeit gerade auch der erwachenden Triebwelt in die Wärme des eigenen Hauses aufgenommen und zugelassen werden. *»Integration«* lautet der famose Fachausdruck der Psychologen für dieses Meisterstück der Überwindung der Angst vor dem »Abgrund« durch ein grundlegendes Vertrauen. Selbst ruft die »Mutter« im Märchen *Schneeweißchen und Rosenrot* ihre Kinder herbei, um sie von der »ehrlichen« Harmlosigkeit des »Bären« zu überzeugen, und damit wird man Zeuge einer Szene, wie sie die Mythen vieler Völker in den Erzählungen vom Paradies am Anfang der Welt berichten oder für das Ende der Zeiten verheißen: Es werde das Kind an der Höhle der Schlange spielen und das Böcklein beim Panther lagern (Jes 11,6–8), oder es würden Tiere den Menschensohn ohne Gefahr umgeben und »Engel« ihm dienstbar sein (Mk 1,13); ganz entsprechend sieht man in diesem Märchen jetzt im Vertrauen auf die Worte des »Bären« wie der »Mutter« mit den Kindern zusammen auch das »Lämmchen« und das »Täubchen« sich dem »Bären« nahen, der seine Wildheit gänzlich abgelegt hat: unter der Voraussetzung der Angstfreiheit stellt es wirklich keinen Widerspruch mehr dar, gemäß dem Bibelwort einerseits im Gewissen arglos wie die Tauben (Mt 10,16) und seelisch unschuldig zu sein wie ein Lämmchen, und andererseits im Gefühl doch zugleich die »bärenstarke« Energie der erwachenden Sexualität in das eigene Leben einzulassen. Wenn man dem »Bären« ohne Angst, voller Vertrauen gegenübertritt, wird man erleben, daß das »Raubtier« der eigenen Triebwelt *nicht* verschlingend ist und sich die Menschheitshoffnung eines seelisch einheitlichen Menschenlebens innerlich erfüllt. »Es« und »Überich«, Trieb und Moral, können ohne die Zerrbilder der Angst im gleichen »Haus«, im »Ich«, zusammen wohnen.

Spiele der Einübung und Spiegelungen des Zukünftigen

Insofern verhält es sich mit »Schneeweißchen« und »Rosenrot« auch nicht so wie etwa mit Daniel in der Löwengrube,[51] daß sie nach vielerlei Verdrängungen von einem grausamen »König« in den »Abgrund« der »Raubtiere« hinabgestoßen würden, um erst hernach auf »wunderbare Weise« gerettet zu werden, sondern gerade umgekehrt: Der Sturz in den Abgrund bleibt ihnen erspart, und der »Bär« bemüht sich selbst, dort hinzukommen, wo die Kinder ihrerseits zu Hause sind und sich zu Hause fühlen; er betritt kein für sie fremdes, sondern ihr icheigenes Gebiet. Wohl besitzt er (noch) keine menschliche Gestalt, aber er selber trägt von Anfang an Verlangen nach Vermenschlichung, nach Feuer und nach Wärme, diesen Ursymbolen menschlicher Kultur sowohl wie der begin-

Abb. 1: Edvard Munch (1863–1944): *Rot und Weiß* (1894), Öl auf Leinwand, 93 x 124,5 cm, Munch Museum, Oslo

Abb. 2: Der Nez Percé-Häuptling Joseph

Abb. 3: Darstellung einer »Baumursprungsmythe«, nach der die ersten Menschen aus einem urzeitlichen Baum hervorgegangen sind, Codex Vindobonensis Mexicanus 1

Abb. 4: Figur des Gottes Thot als Pavian, 1. Jh. v. Chr., Höhe: 17,5 cm,
Ägyptisches Museum, Berlin

Abb. 5: Orpheus, der Musiker, Elfenbeinbüchse, 4. Jh., San Colombano, Bobbio

Abb. 6: Varada-Raja-Tempel in Conjeeveram (Kanchipuram, Indien), 12. Jh.

a) Vignette: *Amarylis*, ca. 29,8 x 18,7 cm

b) *Omegas Augen*, ca. 22,9 x 18,7 cm

c) *Omega und der Bär* (Ausschnitt)

Abb. 7: Edvard Munch (1863–1944): Zyklus *Alpha og Omega (Alpha und Omega)* (1908–1909), 18 Kreidelithographien auf leicht grauem Velinpapier (Auswahl), Kupferstichkabinett, Berlin

Abb. 8: Hieronymus Bosch (um 1450–1516) oder Werkstatt: *Das Jüngste Gericht* (um 1486 oder später), mittlere Tafel des Triptychons, Öl auf Holz, Groeningenmuseum, Brügge

nenden Leidenschaftlichkeit der Liebe. Unter den Worten ihrer »Mutter« können die Kinder zudem von sich denken, daß sie dem »Bären« selbst die »Wärme« zu geben vermögen, die er zum Leben braucht; das Entscheidende liegt mithin bei ihnen selbst, und auch dieses hohe Gefühl für die eigene Bedeutung und den eigenen Wert trägt offenbar mit dazu bei, den drohenden Eindruck der Angst zu verhindern, und befähigt die Kinder im folgenden, allerlei »Kurzweil« mit dem sonderlichen Gesellen zu treiben. Der »Bär« bittet die Mädchen förmlich, ihm den Schnee aus dem Pelzwerk zu fegen, und bald schon entwickelt sich aus dieser »Säuberungsaktion« an dem warmen Herdfeuer ein Spiel voller sexueller Anspielungen, indem die Kinder mit einer »Haselrute« auf den Bären einschlagen, ihre Füßchen auf seinen Rücken setzen und ihn hin und her rollen. Der »Besen« und der »Pelz«[52] sind dabei natürlich weibliche Genitalsymbole, während die »Füßchen«[53] und die »Haselrute«[54] gewiß phallische Assoziationen wecken. Besonders das »Schlagen«[55] mit der »Rute« gibt sich als eine ausgeprägt onanistische Phantasie zu erkennen. Entsymbolisiert wird man in dem kindlichen Spiel am »Feuer« insgesamt also die rechte Art erkennen können, in der die beiden heranwachsenden Mädchen mit ihrer erwachenden Sexualität umzugehen lernen. *Die Einübung des Neuen durch das Spiel* bezeichnet dabei in dem Märchen gerade die Mischung aus Gesetz und Freiheit,[56] die notwendig ist, um ohne Druck und Zwang in einem Feld vorgängiger Erlaubnis den »Bären« nach und nach zu »zähmen«. Ein allabendliches *Ritual* hebt an, in dem das Neue zum Vertrauten, das Unheimliche »heimisch« und das »Tierische« vermenschlicht wird. Daß die erwachenden Triebimpulse der Sexualität nicht zum Schrecken dienen, sondern es erlauben, mehr Freude zu erleben, ja daß es, sogar unter Einschluß der onanistischen Qualitäten der kindlichen Spielereien, überhaupt möglich und notwendig ist, mit der Sexualität *spielerisch* umzugehen – dieses Klima einer wohlwollenden und vertrauensvollen Freizügigkeit seitens der »Mutter« bietet die günstigste Voraussetzung für eine angstfreie und eben deshalb *harmonische* Entwicklung der beiden Mädchen an dem entscheidenden Krisenpunkt ihres Lebens.

Diese Auffassung der Szene, die man in einem Kindermärchen vielleicht für recht gewagt halten könnte, wird gleichwohl auf das beste durch den Kommentar bestätigt, den der »Bär« selber zu dem Tun der »Kinder« abgibt: Wenn die beiden Mädchen ihr Spiel gar zu arg treiben, brummt er, halb gutmütig, halb warnend: »Schneeweißchen, Rosenrot, schlägst dir den Freier tot.« Kein Zweifel also, daß die »Spiele« der »Kinder« ein noch verhülltes Liebesspiel ausdrücken und auf eine erste Einübung späterer Zärtlichkeit hinauslaufen. Freilich: das kindliche Sexualspiel kann in die Gefahr des Exzessiven geraten; zum Selbstzweck erhoben, müßte die weitere Entwicklung zur Liebe darunter ersterben, und davor warnt der »Bär« gelegentlich. Doch nicht diese Möglichkeit ist es, um die das Märchen sich sorgt; sie ist tatsächlich weit geringer als die gegenteilige Gefahr, daß die spielerische Einübung der kindlichen Sexualität in einem vorschnellen und rigiden Moralismus zu früh und zu streng verurteilt und damit *aus Angst* überhaupt erst fixiert und in ihrer Entfaltung blockiert würde. Läßt man die Kinder im Hause der »Mutter« gewähren, so kann man zufolge dieses Märchens dem »Bären« sehr wohl zutrauen, daß er das Maß der »Spiele« zu seiner »Domestikation« von sich her zu begrenzen weiß. »Gefährlich«, »raubtierhaft« ist, wie im Märchen von »Rotkäppchen«,[57] nur die ausgesperrte, unterdrückte, angstgeprägte Triebgewalt; der »Bär« an sich meint es »ehrlich« und »gut«; und konzediert man ihm die nötige Natürlichkeit, kennt er genügend Steuerungen, um aus dem Spiel der Kinder nicht Übermut und Willkür, sondern einübende Freude nach gewissen Spielregeln des »Nicht-Zuviel« erwachsen zu lassen. Statt Angst, Unheimlichkeit und Krampf also Spiel, Unbefangenheit und Lust. Das »Fürchtet euch nicht« des »Bären« bei seinem Eintritt in das »Haus« der »Mutter« bildet die entscheidende Bedingung für die weitere harmonische Reifung der Kinder zu erwachsenen Persönlichkeiten; es bildet die Gewähr dafür, daß Unschuld und Liebe, daß Sittlichkeit und Sinnlichkeit einander auch künftighin nicht auszuschließen brauchen, sondern sich geradewegs bedingen.

Eigentümlicherweise aber geht die Entwicklung von »Schneeweißchen« und »Rosenrot« nun nicht bereits gradlinig in die Verwandlung des »Bären« über, sondern es bedarf offenbar noch einer Reihe von Zwischenstufen, ehe die Mädchen fähig werden, die Gestalt der Kinderträume in dem späteren Partner ihrer erwachsenen Liebe wiederzufinden. Zunächst muß der »Bär« sogar, als das »Frühjahr« kommt, von den Kindern Abschied nehmen, um auf gewisse räuberische Zwerge Jagd zu machen. Doch als »Schneeweißchen« traurig ihn zur Tür hinausläßt, verfängt der »Bär« sich mit dem Fell an der Türklinke, und im gleichen Moment läßt er »durchblicken«, daß er nur äußerlich ein »Bär«, in Wirklichkeit aber ein »goldiger Kerl« ist. Das kindliche Spiel mit dem »Bären« öffnet sich zur Spiegelung einer goldenen Zukunft, die, so unsicher auch immer, von »Schneeweißchen« doch bereits, zum Trost in seiner Traurigkeit, geahnt wird. »Gold« ist in den Märchen immer wieder die sonnenhafte, dem Bewußtsein nahestehende Substanz, die das »Königliche« an der menschlichen Psyche anzeigt.[58] Der »Bär« also, das läßt sich jetzt schon ersehen, wird einst dazu bestimmt sein, das Leben der beiden Kinder zu »vergolden« und sie zu ihrem eigentlichen Wesen, ihrer Fähigkeit zur Liebe, hinzuführen.

Daß aber gerade »Schneeweißchen« dem »Bären« die Tür zum Abschied öffnet, macht deutlich, was der Weggang dieses neuen Freundes einstweilen bedeutet: nachdem der »Winter«, die Zeit der kalten Unberührbarkeit, endgültig überwunden ist, stünde im Grunde alles für den »Sommer«, für die Zeit der Liebe, offen; aber es braucht noch eine Weile, bis das erwachte apersonale, ungerichtete Liebesverlangen sich geistig bis zur Liebe einer einzelnen Person hin läutert; die Stufe auch der kindlich-sexuellen »Spiele« muß verlassen werden, und eine Zeit der Sehnsucht und der Traurigkeit beginnt. Den »Bären« einzulassen war »Rosenrots« Werk; ihn zu entlassen ist »Schneeweißchens« Aufgabe. Beide

Kinder wirken zusammen wie die Diastole und Systole im Blutkreislauf, ein Widerspiel der gegenseitigen Ergänzung, geordnet nach dem reifenden Gesetz der Zeit, das, je nachdem, mal nach dem »Bären« ruft, mal ihn – vorübergehend – läßt. In Wirklichkeit kann man den Weggang des »Bären« subjektiv sogar einstweilen als eine Art Entlastung auffassen: um mit der neu erwachten Triebwelt auf die Dauer »richtig« umzugehen, ist eine gewisse Pubertätsaskese[59] nötig, ein Triebverzicht, wie ihn der Abschied des »Bären« symbolisch sehr treffend kennzeichnet.

An die Stelle des »Spiels« mit dem »Bären« tritt vorerst die Auseinandersetzung mit den »Zwergen«, die der »Bär« erlegen will.

Von koboldartigen Verwicklungen und humorvollen Lösungen

Was es mit diesem neuen Vorhaben des »Bären« letztlich für eine Bewandtnis hat, begreift man wirklich erst aus dem Kontrast des »Bären« zu diesen merkwürdigen »Zwergen«. Nur solange die »Zwerge« existieren, ist der »Bär«, wie man später erfährt, in die Maske des Bären verbannt, und einzig an der Zaubermacht der »Zwerge« liegt es, daß der schöne Königssohn die ganze Zeit über in einer Bärenhaut erscheinen muß. »Zwerg« und »Bär« gehören demnach auf ebenso geheimnisvolle wie widersprüchliche Weise zusammen; beide bedingen einander, bekämpfen einander, definieren einander und gehen miteinander zugrunde, ehe am Ende einzig die Liebe sich aus ihrem gemeinsamen Untergang erhebt. Ohne die »Zwerge« keine »Bären« und ohne »Bären« keine »Zwerge«. Wer aber ist dann dieses sonderliche Volk der »Zwerge«?

Ihr »Fahndungsporträt« umfaßt eine ganze Reihe sehr prägnanter erkennungsdienlicher Hinweise. »Zwerg«, das ist: eine Zaubermacht, die der Liebe ein Bärengesicht aufsetzt und ihre Schätze entwendet – soviel wissen wir bereits. Aber noch mehr: Glaubt man es am Anfang noch mit einer Vielzahl von Zwergen zu tun zu haben, so handelt es sich im folgenden tatsächlich nur um einen einzigen, der, stellvertretend für die ganze Gattung, immer wieder vorkommt, und zwar stets in verwickelten und lebensgefährlichen Situationen, bei denen sein überlanger Bart eine verhängnisvolle Rolle spielt. Sein Äußeres – Sprechweise, Physiognomie, Statur – weisen ihn als einen nörgelnden, stets schnarrenden und schimpfenden Gesellen aus, dem man niemals etwas recht machen kann – nur der Gutmütigkeit der Mädchen, nicht seinem Wohlbetragen ist es zu verdanken, wenn er dreimal mit dem Leben davonkommt. Schon wie er mit seinem uralten, faltigen Gesicht und den roten, stechenden Augen die Kinder anglotzt, wie er in unsinnigem Anstand auf die äußere Akkuratesse seines Bartes respektive seiner Kleidung mehr erpicht zu sein scheint als auf sein schieres Überleben, vollends wie er den »Bären« schließlich, als es ihm endgültig an den Kragen geht, sogar noch mit den beiden Mädchen, seinen mehrmaligen Lebensrettern, von sich wegzuködern sucht – das alles macht ihn zu einem wahren Ausbund an Verdrießlichkeit, Gehässigkeit, Geschwätzigkeit, Verlogenheit, monströser Eitelkeit und diebischer Begehrlichkeit. Um den Charakter *dieses* »Zwerges« zu verstehen, nutzt es nicht viel, in irgendeinem Lexikon der Traumsymbole oder der Märchenmotive nachzuschlagen, wo die »Zwerge« allenthalben als im ganzen lebensfördernde und nützliche Wesen geschildert werden, als Träger geheimnisvollen Wissens und außerordentlicher Kenntnisse, die sie befähigen, in ihren Behausungen, in Höhlen oder Felsspalten, kostbare Schätze zu gewinnen und zu hüten.[60] *Dieser* Zwerg *hier* ist zu dumm, sich selbst zu helfen; ihm ist die Frage, wie er vor seinesgleichen aussieht, ungleich wichtiger als die einfache Überlegung, wie er sich das Leben retten kann; die Schätze, über die er zu verfügen scheint, sind samt und sonders Diebesgut; wo immer man ihn antrifft, ist und schafft er Verwicklungen, und seine mürrische, rechthaberische, stets grotesk-beleidigende Denkungsart erlaubt es nicht, wie sonst in vielen Märchen, mit diesem Zwerg einen Bündnispakt zu schließen – man kann nur warten, bis der »Bär« ihm endgültig das Handwerk legt. Wohl weist die Zwergengestalt selber ihn symbolisch als ein Wesen aus, das in den Dimensionen des Bewußtseins nicht zu fassen ist, sondern in unterirdischen Bereichen, in den unbewußten Seelenschichten, sein Zuhause hat – ein Geist, kein Wesen der realen Welt; aber die Grundhaltung, die sich in ihm verdichtet, ist »zwergenhaft« in ganz speziellem Sinne: mickrig, zu klein geblieben, überaltert – eine Zerrgestalt der Menschlichkeit.

Alle Details dieser Charakteristik deuten, zusammengenommen, in dieselbe Richtung: in dem »Zwerg« verkörpert sich eine seelische Einstellung, die sich im Grunde bereits selber überlebt hat, die aber immer noch fähig ist, allerlei Störungen herbeizuführen, und, solange sie existiert, über die Macht verfügt, die Triebkraft der Liebe als etwas Tierisches erscheinen zu lassen. Man wird in diesem »Zwerg« mithin nichts anderes erblicken können als eine Wiederkehr des *Geistes der Kindheit,* als das kindliche Gewissen, nur jetzt in einer nicht mehr freundlichen und sanften, sondern durchaus frechen, keifenden und undankbaren Attitüde. Was ehedem die Kinder bei ihren Ausflügen in den »Wald«, in die unbewußten Landschaften ihrer Seele, vor dem »Abgrund«, vor dem »Fall«, bewahren konnte, ihre kindliche Moralität, ihr Kindergewissen, das erweist sich jetzt nach der Begegnung mit dem »Bären«, je länger desto mehr, als etwas Hinderliches, Koboldartiges, »Schätze« Entfremdendes, als eine Kümmerform des Daseins, die einer Zeit entstammt, von der die beiden Mädchen sich fortan immer weiter wegentwickeln.

Der »Zwerg« symbolisiert demnach eine Instanz, in der all das sich fortsetzt, was ursprünglich in dem freundlichen kleinen »Engel« mit dem »weißen Kleide« personifiziert war und wie von Gott gesandt erscheinen mußte; doch je älter die Kinder werden, desto mehr verwandelt sich dieser »Engel« der Kindheit in einen rechten Quälgeist, dessen Interesse vor allem darauf gerichtet ist, das erwachte Sexualleben der Kinder in der Gestalt des »Bären« als etwas überaus Gefährliches hinzustellen. Alles, was dieser »Zwerg« zu sagen hat, entspricht buchstäblich einer »uralten«, menschlich überlebten und zu kurz geratenen Form der Menschlichkeit. Seine Vorstellungen kreisen einzig und allein um die Frage des guten »Aussehens« bzw. des drohenden »Gesichtsverlustes« – das »Kindergewissen« basiert ja nicht auf einer Moralität der Überzeugung, sondern einzig auf sozialer Angst.[61] Ein Mensch, der diesem »Kindergewissen« treu bleiben würde, müßte in der Tat eher sein Leben verpfänden, als daß er es womöglich akzeptieren könnte, einmal nicht ganz korrekt und makellos zu erscheinen; das Ansehen in den Augen der anderen überstiege für ihn bei weitem alle anderen Werte, und ewig müßte er sich infolge seiner kindlichen Abhängigkeit von der Meinung und der Wertschätzung anderer in der Wahrung der Äußerlichkeit und des äußeren Augenscheins zerreiben. Am Ende müßte er wirklich ein Leben führen, wie es der »Zwerg« in seiner ganzen Art manifestiert: ein gnomenhaftes Unleben, das, ungeheuer eng und klein, einzig darauf bedacht ist, den moralischen »Besitzstand« der Kindheit wie ein Diebesgut ängstlich zu hüten und zugleich dem Leben zu entziehen; ein menschliches Schicksal käme auf diese Weise zustande, wie es in den Karikaturen alternder Jungfern nicht schlimmer beschrieben werden könnte – ein übelgalliges, stets unzufriedenes, kritikversessenes, zu jeder Güte und menschlichen Regung unfähiges, faltenvergrämtes, endlos neidisches und vor allem: aus erzwungener Kommunionkindermoral für die Liebe verschlossenes Leben, in dem alle an sich lobenswerten Eigenschaften und Haltungen sich in ihr Gegenteil verkehren würden: aus Ordnungsliebe würde der Zwang zur Etikette, aus Anstand Prüderie, aus Schamgefühl Verschrobenheit, aus Treue Starre, aus Anhänglichkeit und Gehorsam Abhängigkeit und Unfreiheit; in allem aber waltete eine angstbesetzte, kleingeistige Kinderei, wie man sie seinem ärgsten Feind nicht wünschen möchte. Nur: wie kann man die mißgelaunten und kleinlich-absurden Vorwürfe eines derartigen »Zwerges« ohne Schaden über sich ergehen lassen?

Auch »Schneeweißchen« und »Rosenrot« können und dürfen dem Einfluß des »Zwergs« nicht ausweichen; aber die Art und Weise, wie sie ihm gegenübertreten, zeugt von einer so entwaffnenden Unbeschwertheit und selbstverständlichen Herzensgüte, wie sie allein aus einem ungebrochenen Vertrauen zu sich selbst und in die Kräfte der Natur geboren werden kann. Das Märchen berichtet ganz korrekt, daß die beiden Mädchen wiederholt dem »Zwerg« begegnen, als sie sich im »Sommer« nach draußen ins Freie begeben, und daß sie ihn dabei wie eine selbständige Person erleben. Die Kinder können naturgemäß nicht wissen, daß in dem »Zwerg« eigentlich die Rückseite ihres Kinder-Ichs *fortlebt,* die sie an sich schon *über*lebt haben. Das einzige, was sie feststellen, gerade wo sie nach einer längeren Zeit der Beschäftigung mit sich selbst (im »Hause«) und nach dem Weggang des »Bären« sich phasenweise mehr ins Leben getrauen, ist die überalterte und kleinwüchsige Zwittergestalt, die sie »anglotzt« und ankeift, obwohl sie ihr dreimal das Leben retten werden. Gerade diesen Eindruck der Fremdheit und des Befremdens gegenüber dem eigenen Kindergewissen aber wird man in der Tat als besonders kennzeichnend für das Erleben der beiden Mädchen während der Pubertätszeit halten müssen. Übersetzt in das subjektive Empfinden, werden die Kinder auf ihrem Weg zu einem erwachsenen Leben immer wieder buchstäblich ein Gefühl haben, wie wenn sie von bösartigen, stechenden Augen beobachtet und von einer unentwegt schnarrenden Stimme mit Vorwürfen überhäuft würden; auch ohne sich einer eigentlichen Schuld bewußt zu sein, werden sie auf diese Weise von kleinlichen Schuldgefühlen geplagt, die sich eigentümlicherweise sogar eher vergrößern als verringern, wenn ihnen nachgegeben wird; man kann in noch so guter Absicht machen, was man will, dieser Miniaturausgabe des Menschlichen ist nichts recht zu machen. Dabei scheint dieses »Zwergen-Ich« durchaus über bedeutende Schätze zu verfügen, nur daß sie, kaum gesehen, gleich wieder von ihm fortgetragen werden.

Selbst in einem vollkommen harmonischen Leben, meint das Märchen *Schneeweißchen und Rosenrot*, ist offenbar eine derartige Phase des »Zwergenaufstandes« kindlicher Schuldgefühle also nicht vermeidbar. Aber es ist doch möglich zu sehen, daß es sich hier wirklich nur um einen überalterten, hilflosen, verdrossenen Kobold handelt, der mit seinen eigenen Problemen nicht fertig wird. Die beste Methode, mit den Ansprüchen eines solchen »Kinder-Ichs« und seinen keifenden Invektiven umzugehen, ist dieser selbstsichere Abstand, mit dem »Schneeweißchen« und »Rosenrot« den notorisch mißgelaunten »Zwerg« weitergiften lassen, ohne seine Schmähreden sonderlich ernst zu nehmen.

Auch hier ist wiederum der Unterschied zu anderen denkbaren Entwicklungsmöglichkeiten besonders kennzeichnend. Es gibt Kinder, die mit allen möglichen strafenden, demütigenden, höhnischen und gewalttätigen Reden jahraus, jahrein so überschüttet werden, daß sie darunter nur ein sehr schwaches Ichbewußtsein haben aufbauen können; solchen Kindern muß am Anfang der Pubertät das Kindergewissen mit so viel Angst und unheimlicher Macht gegenübertreten, daß es durchaus nicht einem »Zwerg«, sondern eher einem launisch-willkürlichen Riesen gleicht, und voller Angst und Minderwertigkeitsgefühle werden solche Kinder alles unternehmen, um den jederzeit drohenden Tobsuchtsanfällen dieses »Riesen« zu begegnen; vor allem werden sie sich keines eigenen Urteils und keines selbständigen Handelns getrauen dürfen, und zwar am wenigsten in der wichtigsten aller Fragen: in der Frage der Liebe. Für Kinder der Angst gleicht das Kindergewissen einer Übermacht, die es nicht gestattet, sich von ihr auch nur um ein Weniges zu distanzieren. Anders demgegenüber »Schneeweißchen« und »Rosenrot«. Sie können ihr Kindergewissen in Ruhe relativieren; sie erfahren seine Ansprüche geradezu als groteske Übertreibungen, nicht als beherzigenswerte Kritiken, und je mehr der »Zwerg« keift und faucht, desto kurioser muß er ihnen erscheinen. Er ist, man sieht es deutlich, ein dummer, überlebter Wicht, über den man im Grunde nur lachen kann; man mag ihn immer wieder aus der Not befreien, aber ernst nehmen kann man ihn beim besten Willen nicht.

So wie »Schneeweißchen« und »Rosenrot«

also mit ihrer erwachenden Sexualität, mit dem »Bären«, *spielerisch* umgingen, so lernen sie jetzt, mit ihrem Kindergewissen, mit dem »Zwerg«, *humorvoll* zu verfahren. *Spiel* und *Humor* erweisen sich in Handlung wie in Haltung als die besten Methoden, um den jeweils *neuen* Erfahrungen und ihrer Angst ohne Gefährdung der inneren Harmonie zu begegnen. Und umgekehrt: Man muß im wesentlichen bereits angstfrei genug sein, um zu einem solchen Spiel und Humor befähigt zu werden. »Schneeweißchen« und »Rosenrot« scheinen dabei sogar immer mehr an Angst zu verlieren. Das Erscheinen des *»Bären«* noch hatte sie in einen argen Schrecken versetzen können, ehe er ihnen zum Spielgefährten wurde – der *»Zwerg«* hingegen bedeutet für sie gleich von Anfang an mehr Neugier und Belustigung als ernsthafte Gefahr; er selber ist, wo immer man ihn trifft, in tödliche Gefahr verwickelt, und es scheint schwer begreifbar, warum trotz all der eitlen und undankbaren Redensarten dieses »Zwergs« die Mädchen ihm doch immer wieder bis zuletzt noch einmal aus der »Klemme« helfen.

Die Antwort kann nur lauten, daß die Existenz des »Zwerges« für die Mädchen gleichwohl noch eine ganze Zeit lang nötig ist und es für sie von großem Schaden wäre, wenn das Kindergewissen zu früh ums Leben käme, noch ehe sich die Alternative zwischen dem »Bären« und dem »Zwerg«, zwischen kindlicher Moral und erwachsener Liebe, wirklich in einem endgültigen Entweder-Oder gestellt hätte.

Die einzelnen Begegnungen mit dem »Zwerg« verraten denn auch deutlich genug, welch ein Interesse die Mädchen an dem Erhalt ihres Kindergewissens auf dem Weg zu ihrer Reifung haben müssen. In drei Etappen begeben sich »Schneeweißchen« und »Rosenrot« in die Welt und ergreifen symbolisch Besitz von allen drei Lebensräumen: von dem Festland, dem Wasser und der Luft; sie müssen, mit anderen Worten, einen eigenen Standpunkt finden, der sie die Gefahren der Tiefe wie der Höhe, des Unbewußten wie des Bewußtseins bestehen läßt; aber wie sie das tun, entscheidet sich am Umgang mit dem »Zwerg«, diesem Erinnerungsrest aus Kindertagen.

Beklemmungen, Verklemmungen – der Bart muß ab

Das erste Gefühl, das von dem Kindergewissen ausgeht, kaum daß die Mädchen sich ein Stück »nach draußen« wagen, wird von dem Bild des eingeklemmten »Zwergs« aufs vortrefflichste wiedergegeben. Nach den langen Wintermonaten im Hause drinnen schickt die »Mutter« ihre beiden Kinder zum Reisigsammeln in den Wald, als sie auf einen »Zwerg« treffen, der sich mit seinem ellenlangen Bart beim Holzhacken in der Spalte eines Baumes verfangen hat. Sobald die Kinder sich also nach ihrer »Inkubationszeit« mit dem »Bären« ins Leben getrauen, entdecken sie, zufolge dieses Bildes, eine geistige Instanz in sich, wie sie ihnen in solcher Weise noch niemals vorgekommen ist. Ihre beginnende »Bewegungsfreiheit«, die sie in Übereinstimmung mit ihrer »Mutter« genießen, bringt ihr Kindergewissen in Gestalt des »Zwerges« unvermeidbar in arge Beklemmung. Würden »Schneeweißchen« und »Rosenrot« auf die Dressate ihres Überichs mit seinen kindlichen Vorstellungen hören, so müßten sie sich alsbald selber »in der Klemme« fühlen; ein endloses »Gehacke«, ein Zergrübeln und Aufspalten nach Gut und Böse müßte einsetzen, ein Gefühl der Enge, der Gebundenheit, eines hündischen Lebens an zu kurzer Leine müßte sie heimsuchen – »Verklemmtheit« wäre in der Tat der beste Ausdruck für einen derartigen Zustand, wobei man als thematischen Hintergrund stets die Gestalt des »Bären« als latenten Unruheherd vor Augen haben muß. Bis ins Körperliche hinein müßte die *Abwehr der Sexualität,* die Entfremdung des »Bären«, gerade ein solches Verhalten heraufbeschwören, wie es der »Zwerg« an den Tag legt: ein verworrenes Hin- und Hergezappel, eine permanente Nervosität[62] und Fahrigkeit ohne Ziel und Sinn, ein ewiges Zerren an Fesseln, die nur darauf beruhen, daß man an längst überholten Ansichten »festhängt«, von denen man sich nicht trennen möchte aus Furcht, unter Umständen vielleicht nicht mehr so gut »auszusehen« wie bisher. Im Grunde sollte man meinen, daß der »Zwerg« sich auch selbst aus seiner »Klemme« hätte befreien können; aber zu diesem Zweck müßte er etwas von seiner Angst vor einem möglichen »Gesichtsverlust« einbüßen, und zu einer solchen Wandlung ist er natürlich außerstande: der »Zwerg« wäre kein »Zwerg«, wenn er über sich hinauszuwachsen vermöchte. An »Schneeweißchen« und »Rosenrot« ist es daher, zur Schere zu greifen und den zu langen Bart des »Zwerges« zurechtzustutzen. Einzig indem sie die überlebten und veralteten Ansprüche des Kindergewissens »zurückschneiden«, können sie für sich die Gefahr der »Verklemmtheit« und das Gefühl ständiger Beklommenheit vermeiden, die sich in dem »Zwerg« ausdrücken; zugleich aber erreichen sie auf diese Weise auch, daß der »Zwerg« überhaupt die Chance bekommt, weiterzuleben – ließen die Kinder ihn buchstäblich »zappeln«, so müßte er verhungern, und ein zu früher Tod des Kindergewissens müßte in der Symbolsprache des Märchens zweifelsfrei bedeuten, daß der »Bär« keine Gelegenheit mehr fände, sich zu vermenschlichen: die sexuellen Triebenergien müßten, solange der »Zwerg« in seinen Verklemmungen verbleiben würde, in tierischer Zerrgestalt weitervagabundieren; eines Tages aber würde das Kindergewissen an seiner eigenen Verklemmtheit zugrunde gehen, und dann stünde zu erwarten, daß der »Bär« ungehemmt und in wüstem Zustand, wie wenn er niemals eine Domestikation erfahren hätte, in die Welt von »Schneeweißchen« und »Rosenrot« zurückkehren würde.

Insofern ist es äußerst wichtig, daß die Kinder sich um einen echten Kompromiß bemühen: sie halten den »Zwerg« am Leben, aber sie beschneiden seinen allzu langen »Bart»; sie lösen die einengende Bindung an die Vorstellungen des Kindergewissens auf, aber sie retten damit dem »Zwerg« für eine Zeitlang die Existenz. Zu einer solchen Lösung kann das Kindergewissen selber sich indessen natürlich nicht bereit erklären – in seinen Augen ist das Tun der Mädchen schlechthin »unanständig«, völlig respektlos, eine Beleidigung der guten Manieren; aber mit seinen Vorhaltungen dokumentiert der »Zwerg« doch nur, wie absolut egozentrisch er in seiner Eitelkeit ist: als »Schneeweißchen« und »Rosenrot« fremde Leute zu Hilfe herbeirufen wollen, wehrt der »Zwerg« sich verzweifelt, offenbar in der richtigen Annahme, daß vom Standpunkt erwachsener Leute aus seine Lage als so lächerlich erscheinen müßte, wie sie es in Wirklichkeit ist. Die Kinder hören denn auch gar nicht länger auf sein schimpfendes und undankbares Maulen und sehen nur, ähnlich wie beim Abschied des »Bären«, daß der »Zwerg« einen Sack (offenbar von Edelsteinen) mit sich fortträgt – verborgene Schätze, die wie ein jetzt noch unerreichbares Versprechen wirken. Mit einer Haltung gelassenen und geduldigen Humors, die sich dem »Zwerg« gegenüber mit keinem Wort zu rechtfertigen braucht, gehen die Mädchen fort – fürs erste ist der bestehende Konflikt gelöst, und das Verfahren, dem »Zwerg« den »Bart« zu stutzen, hat sich bewährt. Aber schon bald werden die Kinder Gelegenheit erhalten, auf ihre neu erlernte Kunst zurückzugreifen.

Die Alligator-Gefahr

Die Gefahr der »Verklemmtheit« bzw. des »gespaltenen Holzes« symbolisiert die in psychologischen Dingen sehr weise Religion des Buddhismus gern mit der Warnung vor der *Gefahr der Lotosblume,* die fleckig und faulig wird durch ein Zuviel an Wasser; gerade so, meint der Buddhismus, kann auch ein Mensch befleckt werden durch ein Übermaß an »Reinheit«. Daneben kennt der Buddhismus die *Gefahr des Alligators:* daß man unversehens von der verschlingenden Macht der Tiefe nach unten gezogen werden kann – eine Bedrohung, die das Märchen von »Schneeweißchen« und »Rosenrot« in dem Bild des *Fisches* wiedergibt. Auch der »Fisch« steht für das Triebhaft-Unbewußte;[63] er ist gewissermaßen der leibhaftige *Abgrund,* vor dem die Kinder eingangs durch den »Schutzengel« bewahrt geblieben waren. Jetzt aber gerät gerade das Kinder-Ich selbst in die Gefahr, von den Mächten der »Tiefe« nach »unten« gezogen zu werden, und zwar wiederum, weil sein »Bart« zu lang ist. Es ist, mit anderen Worten, nicht möglich, die Triebmacht des Unbewußten »an die Leine zu legen«, solange der »Zwerg« in voller Länge seine Ansprüche geltend macht; im Gegenteil: überhaupt erst infolge der Überlänge seines »Bartes« kommt es immer wieder zu den gefährlichen »Verwicklungen« und Komplikationen, die das kindliche Ich zu schnell in die Strömung des Lebens hineinzureißen drohen.

In einem anderen Bild hat man es hier mit derselben Wahrheit zu tun, die man bereits im Umgang mit dem »Bären« kennenlernen konnte: daß nur die Angst die Triebwelt wirklich gefährlich und verschlingend macht. Aber während das Eindringen des »Bären« in das »Haus« der Kinder psychodynamisch einen Konflikt zwischen *Ich und Es* beschrieb, spiegelt das Bild von dem »Zwerg« und dem »Fisch« den Konflikt zwischen dem kindlichen *Überich und dem Es* wider. Ging es bei dem »Bären« zunächst nur um die erste Bewußtwerdung der erwachenden sexuellen

Triebregungen, so geht es jetzt darum, die moralische Reaktion des Kindergewissens auf diese Triebstrebungen zurechtzurücken. Denn bliebe das Kindergewissen unverkürzt in Kraft, so ließe sich voraussehen, daß man gegenüber der Triebmacht den eigenen Standpunkt nicht mehr behaupten könnte und jämmerlich zugrunde gehen müßte. Daß statt wie bisher vom »Bären« nunmehr von einem »Fisch« die Rede ist, paßt zu dem Erleben der beiden Mädchen recht gut. Auch der »Fisch« ist ein phallisches Symbol, aber er bleibt im Wasser unsichtbar oder ist jedenfalls nur mühsam zu erkennen – die ganze Auseinandersetzung dreht sich nach wie vor um den rechten Umgang mit der männlichen Sexualität und den entsprechenden eigenen Sehnsüchten, aber »Schneeweißchen« und »Rosenrot« erleben diesen Konflikt inhaltlich nicht bewußt und werden ihn subjektiv auch kaum mit dem Auftritt und Weggang des »Bären« in Verbindung bringen. Gleichwohl gelingt es ihnen noch einmal, die Forderungen des »Zwergs« um ein weiteres Stück zurückzuschneiden und damit aus ihrer zunehmenden Zwanghaftigkeit und drohenden Haltlosigkeit zu erlösen. Sie selbst umgehen damit den Engpaß, aus einem Übermaß an moralischem Zwang am Ende womöglich in die Gefahr der Verwahrlosung hinabgezogen zu werden. Sie haben den Mut, noch einmal in Ruhe den »Zwerg« schimpfen und keifen zu lassen und den entscheidenden »Schnitt« (und Schritt) zur eigenen Freiheit zu tun. Statt sich in voller Länge hinter den tradierten Geboten der Kindheit zu verstecken, wagen sie es, selbst zu bestimmen, in welchem »Ausmaß« diese Gebote gelten sollen, um trotz ihrer offensichtlichen Überalterung überhaupt noch ein Stück weit lebensfähig zu sein. Erneut gelingt ihnen damit die Anpassung des Alten an das Neue, und diese wohl größte und glücklichste Leistung des jugendlichen Lebens bringen sie auf eine so ungezwungene, unverbissene, untrotzige, auf eine im Gegenteil so lustige und humorvolle Art zustande, daß es ein besseres Zeichen für die innere Ausgewogenheit und Harmonie ihrer allmählichen Reifung nicht geben kann als diese heitere Gelassenheit, mit der sie Schritt für Schritt die alten Fesseln der Kindheit zu lösen verstehen. Die Natur macht keine Sprünge – um dieser Wahrheit willen muß der »Zwerg« noch eine Weile weiterleben.

Die Adler-Gefahr

Aber noch eine dritte Gefahr droht den beiden Mädchen auf ihrem Weg zur Liebe, und sie wird deutlich, als die »Mutter« ihre Kinder zum ersten Mal »nach der Stadt« schickt, um dort »Zwirn, Nadeln, Schnüre und Bänder einzukaufen«. Die Existenz einer *Stadt* in der Nähe der naturhaften Unberührtheit der gesamten bisherigen Szenerie muß mehr als überraschen. Die »Stadt« ist der Inbegriff eines künstlichen, naturfernen, allein vom Menschen geprägten Lebens[64] – wie kommen »Schneeweißchen« und »Rosenrot« dazu, sich ausgerechnet dorthin zu begeben? Das Terrain, das sie damit betreten, ist ihrer ganzen Herkunft vollkommen entgegengesetzt; und trotzdem berichtet das Märchen mit keinem Wort von den Erlebnissen und Gefühlen der Kinder (oder besser: der jungen Mädchen) beim Besuch dieser für sie völlig fremden Welt – offenbar weil es davon nichts Wesentliches zu berichten gibt. Was das Märchen interessiert, ist nicht, was in der »Stadt«, sondern was auf dem Weg zu ihr und von ihr her passiert, und in der Tat ist das das einzig Wichtige.

Alle räumlichen Angaben (Haus, Wald, Abgrund, Fluß usw.) ließen sich bislang als Zonen einer inneren Seelenlandschaft und als Stadien eines inneren Reifungsprozesses auffassen, und so wird gleichermaßen auch der Weg zur »Stadt« als eine innere, nicht eine äußere Bewegung zu verstehen sein. Was die »Stadt« dabei im Unterschied zu der Welt »Schneeweißchens« und »Rosenrots« symbolisiert, wird dann gewiß nicht in dem Gegensatz von »Kultur« und »Natur« zu verstehen sein; wohl aber liegt es nahe, die natürliche Kultiviertheit der Mädchen mit der »Zivilisation« der »Stadt« zu konfrontieren und in ihrem »Weg« dorthin eine Begegnung mit all dem zu erblicken, was unter dem Namen »Bildung«, »Geist« und »Intellekt« zu Buche schlagen mag.

Eine solche Deutung der »Stadt« ist, zugegebenermaßen, nicht ohne weiteres zwingend, aber sie wird doch bestätigt durch die *Gefahr des Adlers,* die dem »Zwerg« gerade droht, als die Mädchen zur »Stadt« hin unterwegs sind. Es handelt sich ohne Zweifel um den letzten »Weg«, den letzten Entwicklungsabschnitt, den »Schneeweißchen« und »Rosenrot« noch zurücklegen müssen, ehe sie als erwachsene Frauen in ihr »Haus« »zurückkehren«. Entwicklungspsychologisch bestehen die Fragen, die hier auftreten, schon nicht mehr in den pubertären Schwierigkeiten mit dem »Fisch« – wie man sich mit den unbewußten Triebkräften der Seele auseinandersetzt; das Problem, das jetzt gelöst werden muß, entspricht bereits der Zeit der Adoleszenz: wie man sich *geistig* in der Welt zurechtfindet; und eben für diese geistige, nur von Menschen entworfene Welt mag die »Stadt« hier als Symbol fungieren. Nur im Rahmen dieser Frage stellt sich die »Adlergefahr«, und nur aus diesem Kontext heraus versteht man den Sinn und die Unvermeidbarkeit auch dieser letzten großen Szene mit dem »Zwerg« kurz vor dem rasch einsetzenden Finale.

Der »Weg«, den »Schneeweißchen« und »Rosenrot« aus dem »Wald« zur »Stadt« hin einschlagen, führt sie über eine von Felsbrocken zerklüftete Heidelandschaft – ein Areal, das dem Symbol nach zwischen »Wald« und »Stadt« vermittelt: es ist weiträumiger und offener, nicht mehr so urwüchsig wie »Wald«, und doch naturhaft noch, »Steinbrocken«, nicht von Menschenhand, sondern von Kräften der Natur dorthin getragen und doch schon an die Stadtlandschaft erinnernd – eine Zone des Übergangs zwischen Natürlichkeit und Künstlichkeit, zwischen Ursprünglichkeit und Intellektualität, kulturell zwischen dem, was die »Stadtbewohner« unter »Köhlerdasein« und unter »Urbanität« verstehen, seelisch die »Gegend« zwischen Jungmädchentum und Frau. In diesem Zwischenreich, erzählt das Märchen von »Schneeweißchen und Rosenrot«, gerät der »Zwerg«, das Kinder-Ich der Mädchen, unausweichlich in die

Gefahr des »Adlers« und muß aus den grausamen Fängen dieses mächtigen Raubvogels gerettet werden. Den Sinn dieser Szene bezeichnet das Symbol des »Adlers« selbst.

Die Welt der »Vögel« kann in Märchen und in Träumen ebensogut ein Bild von Aggression und Sexualität verkörpern wie auch auf das »Luftreich« des Geistes verweisen.[65] Im vorliegenden Märchen ist das Bild des »Adlers« ohne Zweifel nur im Kontrast zum »Fisch« verständlich; denn so wie dieser mit Gewalt den »Zwerg« in die »Tiefe« ziehen wollte, so heftig droht der »Adler« ihn nach »oben«, in die Lüfte, zu entführen. Im Gegensatz zur Triebgefahr repräsentiert der »Adler« demnach die Gefahr einer gewissen Art von Intellektualität und Geistigkeit, die man tatsächlich mit dem Bild eines Raubvogels am besten porträtieren oder karikieren kann: eine hochfahrende, schwerelos über allem kreisende, absolut herrische, gnadenlose Intelligenz, die ihre scharfsichtigen Augen nur dazu benützt, auszukundschaften, wie sie aus größter Höhe im Gefühl machtvoller Überlegenheit herabstoßen und »Beute« machen kann – die Vortragssäle der Kongreßzentren, der Universitäten, der Akademien aller »Städte« sind überfüllt von solchen »Raubvögeln« und »Adlerexistenzen«, die um sich her nur Angst verbreiten, auf jeden Fehler (oder was sie dafür halten) mit messerscharfen Fängen niederstoßen und in den anderen nur Material zur Dokumentation der eigenen »Höhenflüge« sehen. Eine wurzellose Abstraktheit, gepaart mit einem absoluten Ehrgeiz und einem königsgleichen Machtanspruch – das sind die »Flügel« und der »Schnabel« und die »Fänge« solcher »Adlerköpfe« –; »Schneeweißchen« und »Rosenrot« haben wahrlich allen Grund, ihr »Kinder-Ich«, den »Zwerg«, aus den Klauen dieses »Vogels« zu erretten.

Daß ihnen die Gefahr des »Adlers« gerade jetzt begegnet, kann nach allem nicht länger wundernehmen; gerade wo sie gelernt haben, die Ansprüche des Kinder-Ichs als etwas nicht mehr länger Ernstzunehmendes »zurückzuschneiden«, wo sie bereits ein ganzes Stück an Freiheit und an Unabhängigkeit gewonnen haben, wo sie sogar bereits der »Fischgefahr« entronnen sind, besteht die Möglichkeit, daß sie in ihrem Intellekt sich auf dem Weg zur »Stadt« den noch verbliebenen Rest an Kindlichkeit vorschnell vom »Adler« rauben lassen; sie würden, träte die Gefahr tatsächlich ein, sich fortan turmhoch über alle Welt erhaben dünken, Hochmut und Stolz ließen sie alles »Kindliche« verachten, und einzig der Verstand erschiene ihnen groß und stark genug, sich über alle Welt hinauszuschwingen. Am Ende müßten sie in gerade dieser paradoxen Mischung leben: ein Adlerintellekt, der eine zwergenhafte Menschlichkeit in seinen »Fängen« hält, ein »Übersichtsdenken«[66] ohne »Tiefe« und »Schwere«, ein sich wie allmächtig gebärdender Intellektualismus, der die »Kindheit« hinweggerafft hat, noch ehe sie wirklich erwachsen werden konnte. »Schneeweißchen« und »Rosenrot« *müssen* den »Zwerg« vor dem »Adler« retten, und wiederum dürfen sie sich um das eitle Gerede des »Zwergs« nicht einen Augenblick lang kümmern; denn bliebe die Angst des Kindergewissens um die Wahrung des äußeren Ansehens maßgeblich, dann wäre dem

»Adler« in der Tat sein Opfer nicht mehr zu entreißen. Gerade das schöne »Röckchen«, das der »Zwerg« so sehr bejammert, der Wille, vor den anderen gut dazustehen, verleiht den »Adlerfängen« solche Wirkung – der ehrgeizige Intellektualismus entführt nicht nur, er mästet sich geradezu an der kindlichen Angst vor fremder Kritik. Man müßte, mit anderen Worten, geistig nicht so maßlos hoch hinaus, wenn man den Mut besäße, unter den Augen der anderen einmal eine »Blöße« zu zeigen, und »Schneeweißchen« und »Rosenrot« retten ihr »Kinder-Ich« nur dadurch, daß ihnen ein durchlöchertes Röckchen nicht so wichtig ist wie die Notwendigkeit, mit beiden Beinen »auf dem Boden« zu bleiben und sich geistig nicht ins Wolkenkuckucksheim der intellektuellen Eitelkeit hinwegraffen zu lassen.

Die verborgenen Schätze der Kindheit

Unmittelbar danach besorgen »Schneeweißchen« und »Rosenrot« den Auftrag der »Mutter«, und ohne sich offenbar auch nur im geringsten von der »Stadt« beeindrucken zu lassen, begeben sie sich alsbald zurück auf den »Heimweg«. Es ist ein abendliches Bild, in dem der »Weg« der Mädchen seinen Abschluß findet, als sie im Sonnenuntergang auf der Heide ein letztes Mal dem »Zwerg« begegnen, wie er, im Glauben, ungestört allein zu sein, ein Säckchen mit Edelsteinen zum Betrachten vor sich ausgeschüttet hat. Die Steine leuchten prächtig »in allen Farben« in den Strahlen der Abendsonne, so daß »Schneeweißchen« und »Rosenrot« bewundernd stehenbleiben. Der »Zwerg« schilt sie in der bereits gewohnten Weise aus, aber er kann doch nicht verhindern, daß die beiden Mädchen staunend die herrlichen Kostbarkeiten eingehend betrachten, die sich so überraschend ihren Blicken darbieten. Freilich: daß der »Zwerg« über gewisse Schätze verfügen müße, konnten »Schneeweißchen« und »Rosenrot« bislang bei jedem Zusammentreffen buchstäblich wie verstohlen feststellen, aber sie ahnten es mehr, als sie es sahen. Jetzt erst, wo der gesamte Lebensabschnitt ihrer Kindheit und Jugend sich dem Ende zuneigt, im Schein der »Abendsonne«, breitet der »Geist der Kindheit« seine »Edelsteine« im ganzen Spektrum ihrer Farbenvielfalt unter ihren Augen aus.[67] Es mag Kinder geben, die zu Erwachsenen werden, indem sie alles, was sie in Kindertagen gelernt haben, als lästig und hinderlich von sich weisen müssen, und je mehr man sie selbst mit Angst und Schuldgefühlen gequält und von ihrem vermeintlichen Unwert überzeugt hat, desto wertloser und nichtiger wird ihnen die Zeit ihrer Kindheit und Jugend vorkommen. »Schneeweißchen« und »Rosenrot« haben sich in solcher Weise niemals kennenlernen müssen; in ihren Augen kann der »Geist der Kindheit« jetzt, im Abendleuchten, nicht als ein Habenichts erscheinen. Im Gegenteil, sie werden gerade jetzt erst merken, welch ein Reichtum, wieviel Wahrheit, wieviel an Glanz und Schönheit in den Händen ihres Kinder-Ichs gelegen ist. Für sie stellt sich die Frage nicht, wie sie die Eindrücke, Erfahrungen und Prägungen der Kindheit abschütteln, abarbeiten oder einfachhin verleugnen können; für sie, die so harmonisch Aufgewachsenen, ist ihre Kindheit ein überaus hoher Wert, dessen Größe sie erst jetzt in ganzem Umfang sehen lernen, und *ihre* Aufgabe besteht gerade umgekehrt darin, sich diese Schätze ihres Kinder-Ichs selbst anzueignen. Denn nur dies ist noch sehr unbefriedigend, daß der »Zwerg« sich ihnen gegenüber nach wie vor als eine selbständige und ständig vorwurfsvolle Gegeninstanz behauptet, die den Mädchen die Schätze der Kindheit nicht nur in gewissem Sinne aufbewahrt, sondern sie eigentlich mehr noch entfremdet und entzieht. Erwachsen können »Schneeweißchen« und »Rosenrot« nur werden, wenn ihr Kindergewissen, wenn der »Zwerg« seine Schätze an sie selber als an die eigentlich zuständigen und rechtmäßigen Besitzer in vollem Umfang übergibt. Doch gerade davon kann freiwillig keine Rede sein. Im ganzen Wesen dieses »Zwergs« liegt es, schnarrend und keifend fortzufahren – das kindliche Gewissen kann letztlich ja nur wie ein Tonband immer dasselbe wiederholen: die Mädchen seien dumm, garstig, ungehobelt, albern, »wahnsinnige Schafsköpfe« – kurz, eben solche Kreaturen, wie sie im Gegenüber der »Zwerg« selber darstellt. Ein solcher »Zwerg« muß sich bis ganz zuletzt behaupten; er ist von sich her durchaus nicht zu Kompromissen fähig; und so ist er es selbst jetzt, der sich sein Todesurteil spricht.

Der Gewaltakt der Liebe

Noch sind die beiden Mädchen nämlich ganz in die Betrachtung all der Kostbarkeiten vertieft, als hinter ihnen plötzlich ein schwarzer Bär auftaucht. Schrecken ergreift den »Zwerg«; von Angst gejagt springt er zu seinem Schlupfloch hin – jedoch: zu spät! Schon ist der »Bär« in seiner Nähe, und gegenüber diesem seinem Wesensgegenspieler darf kein Pardon gegeben werden. Vergebens, daß der »Zwerg« all seine Schätze für den Loskauf seines Lebens anzubieten sucht; vergebens auch, daß er den Appetit des Ungeheuers auf die beiden Kinder abzulenken sucht – er macht mit alldem nur das Maß seiner Querelen voll. Ein Tatzenhieb des »Bären« – und der »Zwerg« »regt sich nicht mehr«. Endgültig ist das Kinder-Ich mit seinem Dreinreden erledigt; aber die Macht dazu liegt einzig in dem gewalttätigen Wiederauftauchen der Liebe. Mit der Gewalt eines Naturereignisses bricht sie in der Gestalt des »Bären« erneut vom »Walde«, aus dem Unbewußten her, in das Leben von »Schneeweißchen« und »Rosenrot« ein, so daß die Mädchen wiederum panikartig fliehen möchten.

Tatsächlich steht in dieser Szene für sie alles auf dem Spiel: wenn es dem »Zwerg« in diesem Augenblick gelingen würde, den »Bären« auf seine Seite zu ziehen – es wäre um die beiden Mädchen geschehen. An dieser Stelle gibt es wirklich nur noch ein alles entscheidendes Entweder-Oder. *Entweder* das kindliche Überich behauptet seine Existenz, dann wird die sexuelle Triebkraft sowohl zu seinem Opfer wie zu seinem geheimen Komplizen: unter dem Diktat des »Zwergs« würde der »Bär« niemals seine tierische Zerrgestalt verlieren, und seine Kraft müßte sich dann wirklich verschlingend gegen die Kinder richten; *das Es* würde leben, und *das Überich* würde leben, aber zwischen ihnen müßte *das Ich* geopfert werden – verschlungen von Trieben, denen es wie einem Raubtier gegenüber ausgeliefert wäre, und ohnmächtig gewissen Schuldgefühlen preisgegeben, die in ihrer kleinlichen Zensur die sexuelle Triebkraft überhaupt erst so bedrohlich werden ließen. *Oder* es muß so kommen, wie das Märchen es zum Glück berichtet: Der »Bär« steht ganz eindeutig auf der Seite des Ichs, und er macht wahr, was er bereits bei seinem Abschied aus dem »Haus« der Kinder angekündigt hat: Er nutzt jetzt ein für allemal die Chance, den »Zwerg« zu beseitigen, und gewinnt so die Möglichkeit, sich selber zu vermenschlichen. Dabei ist zu beachten, daß diese Entscheidung buchstäblich über Leben und Tod im Grunde nicht vom Ich selbst getroffen wird. »Schneeweißchen« und »Rosenrot« sind vor lauter Angst vom Ort der Handlung weit entfernt, sie haben keinen Einfluß auf den Ausgang des Szenariums. Wie es am Ende der Kindheit und der Jugendzeit in der Entwicklung weitergehen wird, hängt jetzt nicht vom bewußten Wollen ab; es wurde vielmehr längst vorweg entschieden, als der »Bär« zum ersten Mal im Haus der »Mutter« auftauchte. Wäre der »Bär« damals ungastlich aufgenommen oder gar vor lauter Angst schroff abgewiesen worden, so würde er jetzt unbedingt gegen die Kinder Partei ergreifen müssen; aber als der Vertraute, als der Spielgefährte von einst, ist und bleibt er gerade jetzt in diesem Krisenaugenblick der Freund und der Verbündete der Kinder. Für ihn gibt es hier durchaus keine Wahl mehr: auf das arglistige Gerede des »Zwergs« hört er überhaupt gar nicht und kennt nur noch das eine Ziel: die beiden Mädchen aus der Angst zurückzurufen. Wie bei seinem ersten Erscheinen ruft er ihnen sein »Fürchtet euch nicht« zu, als wenn er ihnen sagen wollte: »Ihr könntet doch längst wissen, daß ich euch nichts Böses antun werde. Erinnert euch nur eures lieben Kameraden, dessen Abschied euch damals so traurig stimmen mußte. Nun endlich ist er da.« Die ganze Szene lebt von dem Vertrauen, das schon im »Haus« der »Mutter« grundgelegt wurde; und nur kraft der Erinnerung an diese Zeit des Spieles und der Angstfreiheit können die beiden Kinder jetzt in dem, was ihnen angst macht, ihren Freund (wieder-)erkennen.

Für jedes Mädchen, wenn man dieses Bild einmal verallgemeinert, tritt am Ende seiner Jugendzeit die Liebe auf wie ein Gewaltakt, der es zu verschlingen droht, und alle Gefühle der Angst melden sich noch einmal wie am Beginn der Pubertät. Was damals sich als Angst verfestigte, wird jetzt als Angst erneuert werden; was aber an Angst damals überwunden wurde, wird jetzt als Angst endgültig überflüssig, und dann kann es sich öffnen zu einer wirklichen persönlichen Beziehung – das ungerichtete Gefühl von Leidenschaft und Sehnsucht findet nunmehr endgültig sein Gegenüber. Ausdrücklich ruft der »Bär« die beiden Kinder jetzt bei ihrem Namen. Er ist nicht länger nur ein »Es«, eine Naturkraft, eine unbewußte Energie; er ist jemand, der die

Person der Mädchen anredet und meint. In *dem* Moment, erzählt das Märchen, erkennen die beiden Kinder seine Stimme wieder; sie halten inne auf der Flucht, und plötzlich wandelt sich der »Bär« in einen wunderschönen Königssohn, der ganz in Gold gekleidet ist. Aus der Triebmacht der »Sexualität« wird jetzt menschliche Liebe, und sie entzündet sich in dem Erinnerungsbild der Kindertage und der Kinderträume. Ein Bild, das damals nur für einen Augenblick durchschimmerte – ein ungewisser Traum, eine mehr unbewußte Hoffnung –, erfüllt sich jetzt in einem Übermaß an Freude. Die Macht der Liebe bewirkt die größte »Wandlung«, die im Leben eines Menschen möglich ist; und doch schafft sie nichts wirklich Neues, sie setzt nur etwas immer schon Erhofftes und Ersehntes frei; sie schafft den Mut, gegen die Angst die Hüllen abzustreifen und ohne Angst die Menschen (und die Dinge) in ihrem wahren Wert, in ihrem »Goldglanz«, »hüllenlos« wahrzunehmen. Fragt man daher nach dem »Rezept«, mit dem »Schneeweißchen« und »Rosenrot« in diesem letzten großen Krisenaugenblick ihrer Entwicklung die Angst überwinden und aus Kindern endgültig zu Frauen werden, so muß man antworten: Es ist das Glück der Liebe. Die *Es-Angst* am Beginn der Pubertät machte dem Spiel, der Freude Platz; die *Überich-Angst* um den »Zwerg« löste sich in geduldigem Humor. Der letzte Schritt jetzt ist kein Tun mehr, sondern ein Erlebnis, ein Geschehen. Die Kinder *wollen* nicht den Tod des »Zwergs« – nur, als der »Bär« zu ihnen tritt, erfahren sie, warum alles so kommen mußte; sie *wollen* nicht den Untergang des Kinder-Ichs – doch alle Skrupel und moralischen Verwicklungen, die bislang das Ich gefesselt halten konnten, sind jetzt buchstäblich wie mit einem »Schlag« verschwunden, als sie den Ruf der Liebe an sich selbst gerichtet hören und sich in ihm mitsamt den schönsten Jugendträumen wiederfinden. Die Erfahrung des Glücks (in) der Liebe – das ist der letzte Schritt der Reifung zu sich selbst. Fortan sind »Überich« und »Es«, sind »Zwerg« und »Bär« nicht mehr geheimnisvolle Sonderkräfte, sondern sie sind gemeinsam »aufgehoben« zwischen Ich und Du. »Schneeweißchen« und »Rosenrot«, die in die »Stadt« gegangen waren, um dort der Mutter Zwirn und Nadel einzuholen, kehren zurück mit den »Seilen der Liebe« (Hos 11,4), festgemacht an dem Gefährten ihrer alles erneuernden Wiedererinnerung, und sie, die der Versuchung des »Adlers« widerstanden, sich in geistigem Hochmut und bildungsbeflissenem Idealismus hinwegtragen zu lassen, sie haben in der Wirklichkeit zu ihrer Herzensbildung hingefunden. Am Ende erkennen sie nicht nur ihren Geliebten, sie verstehen jetzt auch rückblickend unter den Worten des »Königssohnes« die Stationen ihres eigenen Werdegangs. Die »Aufklärung« darüber, was es mit »Bär« und »Zwerg« auf sich hatte, erwächst erst aus der neu gefundenen Liebe und kann nur von dem Partner dieser Liebe kommen. Sie stellt sich ein, wenn ein Abschnitt des Lebens überwunden ist – auf keinen Fall erwirkt man sie durch Theorie und Reflexion, und wollte man sie schon vorweg ausklügeln oder planen, womöglich um sie pädagogisch richtig »auszunutzen«, verdürbe man durch solches »Adlerwissen« alles. Vom Ende her, das glücklich ist, lernt man den roten Faden auch in der Vergangenheit entdecken und alles, wie es war, als Glück in Dankbarkeit begreifen.

Geist und Gestalt einer harmonischen Struktur

So endet denn das Märchen mit dem Bild der Hoch-Zeit, diesem beliebtesten Symbol seelischer Gegensatzvereinigung,[68] und da nun findet sich, praktischerweise, daß der »Bär«, mit dem das winterliche »Schneeweißchen« sich vermählt, noch einen »Bruder« hat, der »Rosenrots« Gemahl wird und den man sich, entsprechend dem mehr sommerlichen Temperament der Braut, wohl doch ein Stück weit lebhafter und heißblütiger denken muß als seinen immerhin nicht unstürmischen »winterlichen« Bruder. Jedoch: fast alle Märchen, bis auf ganz wenige Ausnahmen,[69] erzählen wohl den Weg zur Ehe, nicht mehr den Weg der Ehe selbst, und so liegt auch dem Märchen von »Schneeweißchen« und »Rosenrot« nichts an der Schilderung der Hochzeit und des neuen Bräutigams. Ihm geht es, gemäß seinem Thema, einzig darum, daß sich die Harmonie des Ganzen rundet. »Schneeweißchen« und »Rosenrot« haben in all der Zeit ihrer Entwicklung nie aufgehört, geschwisterlich gegen die Angst einig zu bleiben; sie haben nun ihr neues Heim gefunden, und alle Schätze aus der »Zwergenzeit« bilden jetzt ihre überreiche Mitgift für ihre ganze weitere Zukunft. Begleitet aber werden sie von ihrer »Mutter«, die lange Jahre noch bei ihren Kindern leben wird. Schilderte eingangs das Märchen »Schneeweißchen« und »Rosenrot« als die gegensätzlichen und einigen Kinder der gütigen Mutter Erde, so zeigt sich nun, daß Menschen, gerade wenn sie zu ihrer Einheit und zu innerer Geschlossenheit gefunden haben, in gewissem Sinne nicht aufhören, Kinder zu bleiben, sondern es eigentlich erst richtig werden. Nur innerhalb des durchaus »mütterlichen« Klimas eines quasi religiösen Vertrauens, in dem »Schneeweißchen« und »Rosenrot« aufwachsen durften, löst sich das Rätsel, wie eine harmonische Entwicklung möglich ist: wie Kinder zu Erwachsenen heranreifen und als Erwachsene doch kindlich bleiben; wie sie zu Frauen werden und die Liebe lernen und dennoch ihre Unbefangenheit und Unschuld nicht verlieren und wie sie den ständigen Gegensatz von »Bär« und »Zwerg«, von Trieb und kindlicher Moral, fortschreitend überwinden. Allein die stete Gegenwart der »Mutter« verbannt die Ruhelosigkeit der Angst, die das »Fließgleichgewicht« seelischer Reifung Zug um Zug zerstören müßte.

Bis in den Aufbau, bis in die formale Struktur[70] hinein ist dieses Märchen geprägt von einer solchen angstfreien Einheit und Harmonie, die es auf allen Ebenen: zwischen Mensch und Natur, zwischen Bewußtsein und Unbewußtem, zwischen Vergangenheit und Gegenwart und schließlich in dem Verhältnis zwischen Mann und Frau vorstellen und herstellen will. In mustergültig durchgeführter Symmetrie stellt es einander stufenweise gegenüber:

als grundlegende Klammer: Mutter und Kinder als verbunden in Vertrauen; sodann:

bezogen auf »Mutter Natur«: Wald und Haus als Stätten ohne Angst; Natur und Mensch in wechselseitiger Gemeinschaft; Besitz und Teilen als Verhältnis unauflöslicher Gemeinsamkeit; Sommer und Winter als Kontraste der Ergänzung; des weiteren:

in psychologischer Symbolik: »Rot« und »Weiß« als Einheitsgegensätze von Reinheit und Leidenschaft; »Abgrund« und »Engel« als Gefahr und Schutz; »Bär« und »Zwerg« als Gegensatz von Sinnlichkeit und Sittlichkeit; »Schere« und »Bart« als Gegensatz von Gegenwärtigem und Überkommenem; »Fisch« und »Adler« als Gegensatz von Trieb und Geist; »Natur« und »Stadt« als Gegensatz von »Köhlertum« und »Zivilisation»; und schließlich:

Mann und Frau im Symbol der Vierzahl, der vollendeten Vollkommenheit. In allem setzt das Märchen dabei gegen die stets lauernde Gefahr der Angst die vorgegebene Macht des Vertrauens, die sich seitens der »Mutter« stufenweise mitteilt und bewährt:

in der Handlung des Spiels,
in der Haltung des Humors und
in dem Erfahrungsglück der Liebe.

Zu Recht endet das Märchen mit dem Bild des Anfangs: es werden vor dem Haus der »Mutter« erneut die beiden Rosenbäumchen wachsen und Jahr um Jahr die schönsten Rosen treiben zum Zeichen für die Einheit aller Gegensätze: in dem Verhältnis zur Natur, in der Beziehung zu sich selbst und in dem sich entfaltenden Reifungsprozeß der Zeit. Diese Symbolerzählung von der niemals verlorenen Einheit von »Schneeweißchen« und »Rosenrot« bietet ein *Weltbild*, weiser als die Weltan*schauung* vieler Philosophen; seine *Sicht* vom Menschen ist großartiger als die *Ansichten* zahlreicher Menschenkundler, und sein *Seelenverständnis* übertrifft bei weitem die *Seelenerklärung* der meisten psychologischen Schulen. Ein Wissen, mehr als alle Wissenschaft, Intuition, die alle Analyse übersteigt, Bilder, die aus der Sehnsucht nach dem Ursprung die Urzeitträume aller Religionen in der Gestalt von Kindern nacherzählen – sind solche Kindermärchen wirklich »Kindermärchen«?

Um das Mensch und Natur verbindende Symbol der Rose zu preisen und verständlich zu machen, eignet sich kein Gesang besser als ein Lied der Dakota-Sioux an die Wildrose; die erste Strophe des Liedes wird von einem Sänger, die vier anderen werden von der Wildrose selber gesungen; das Wort Mutter meint die Erde als ein lebendes, bewußtes, heiliges Wesen. Das Lied lautet:[71]

Ich singe dir etwas, was ich weiß,
Du kannst dir nicht denken, wie gut es ist:
Den Gesang nämlich der Wildrose
Im geliebten Lande der Dakota!

Wir wachsen aus dem Herzen der Mutter
Der gütigen Mutter-des-Lebens – überall.
Und wenn du meinst, sie sei stumm,
Dann merke dir: die Blumen sind ihre Lieder.

Alles, was lebt, ist ihr Lied;
Alles, was stirbt, ist ihr Lied;
Auch der Wind, der da weht, ist ein Erdlied
Und die Erde will alle ihre Lieder singen.

Wie der purpurne junge Tag kommen wir,
Die Herzen randvoll mit Freude, so viel,
Daß wir summen und singen:
Ti – li – li – lii, ta – la – la – lau, ta – la – la – lu!

Will ein Mädchen heiraten,
Stecke ihr wilde Rosen ans Kleid
Und eine Wildrose ins Haar
Und tue neue Mokassins an ihre Füße!
Dann wird ihr das Herz der Mutter
Die Lieder ihres eigenen Herzens schenken
Und sie wird singen, solange sie lebt:
Ti – li – li – lii, ta – ta – la – lau, ta – la – la – lu.

BILDBESCHREIBUNGEN

Abb. 1 zu S. 18–19: Den Gegensatz von *Rot und Weiß* hat EDVARD MUNCH in einem Bild aus dem Jahre 1894 in Gestalt von zwei Frauen psychologisch äußerst feinnervig ins Bild gesetzt. (Munch-Museum, Oslo, Öl auf Leinwand, 93 × 124,5 cm). In einem glühend roten Kleid, dem Betrachter zugewandt, die Hände hinter dem Körper verschränkt, schutzlos und offen sich darbietend, steht am Meeresufer vor einem dunklen Wald eine schwarzhaarige Frau – die gestaltgewordene Extraversion. Neben ihr, seitlich abgewandt, sehnsüchtig auf die See hinausblickend, steht in weißem Kleid eine blondhaarige Frau – die gestaltgewordene Introversion. In vielen Bildern hat MUNCH neben diesen beiden Frauen eine dritte, alt gewordene Frau gemalt und die drei Gestalten damit als die drei Lebensphasen einer Frau gedeutet (vgl. Abb. 7a); hier aber ist der Kontrast zwischen zwei grundverschiedenen Lebenseinstellungen das Entscheidende. Während auf dem Bild des norwegischen Malers die Unvereinbarkeit der beiden charakterbedingten Ausrichtungen imponiert, legt das GRIMMsche Märchen von *Schneeweißchen und Rosenrot* den größten Wert auf die Zusammengehörigkeit und die wechselseitige Ergänzung des so Unterschiedlichen.

Abb. 2 zu S. 20: *Der Nez Percé-Häuptling Joseph.* Sein indianischer Name lautet *In-mut-too-yah-lat-lat:* Donner, der über die Berge rollt; er wurde 1840 geboren und starb am 21. 9. 1904 in Nespelem (Colville-Reservation, Washington). – Der kleine Stamm der Nez Percé lebte mit knapp 1000 Personen, davon 250 Kriegern, im Wallowatal friedlich und christianisiert, als auf ihrem Gebiet Gold gefunden wurde. Goldsucher, die in ihr Gebiet eindrangen, stahlen ihnen Rinder und Pferde, und schließlich verfügte die US-Regierung, sie in das Lapwai-Reservat nach Idaho zu schicken. Als die Indianer sich weigerten, drohte General Howard, sie gewaltsam umzusiedeln. Da entschieden sich 1877 die Häuptlinge Joseph, White Bird und Looking Glass, lieber den Stamm nach Kanada zu führen, als in den USA zu bleiben. Die US-Regierung hätte die Nez Percé nur ziehen zu lassen brauchen, – sie bedrohten niemanden, doch man wollte »durchsetzen, daß unterprivilegierte Bevölkerungsgruppen einmal gegebene Befehle unter allen Umständen auszuführen hatten«. Mit 5000 Soldaten, Schnellfeuerkanonen, Kavallerie, Infanterie und Artillerie versuchte man mit vier Armeen unter den Generalen Howard, Gibbon und Miles sowie Colonel Sturgis, die 250 Krieger und 450 Frauen und Kinder auf ihrem 4000 km langen Marsch abzufangen. Obwohl Chief Joseph noch niemals Krieg geführt hatte, erwies er sich als strategisches Genie: Er verwickelte die weit überlegenen Streitkräfte der US-Truppen in fünf Schlachten und legte eine Armee nach der anderen lahm. »54 km vor der kanadischen

Grenze, als er mit nur 87 Kriegern und 254 Frauen und Kindern erschöpft kampierte, wurde er von General Nelson Miles gestellt. ›Chief Joseph‹ gab auf.« Seine Worte vom 5. 10. 1877 lauteten: »Meine Leute sind in die Hügel geflüchtet und haben weder Decken noch Nahrung. Die kleinen Kinder frieren sich zu Tode. Ich möchte Zeit haben, mich um meine Kinder und Leute zu kümmern und zu sehen, wie viele ich finden kann. Vielleicht sind sie alle tot. Hört mich, Weiße: Ich bin müde; mein Herz ist krank und voll Trauer. Von wo die Sonne jetzt steht, gelobe ich: Ich werde niemals wieder kämpfen.« – H. J. STAMMEL: Die Indianer. Die Geschichte eines untergegangenen Volkes, München (Goldmann Tb 11212) 1979, S. 241–241. Die Geschichte der Nez Percé wurde 1975 von RICHARD T. HEFFRON unter dem Titel *I will fight no more forever* (Ich kämpfe niemals wieder) verfilmt. – Doch mit der Kapitulation der Nez Percé war ihre Not nicht zu Ende. General William Tecumseh Sherman nämlich (nach dem man die Panzer im Zweiten Weltkrieg benannte) wies Colonel Miles an, die Indianer mit aller Strenge zu behandeln und sie nie mehr nach Oregon zurückkehren zu lassen. Im Winter starben in Fort Leavenworth (Kansas) 20 weitere Indianer an Malaria; Chief Joseph sagte dazu später: »Wir haben sie in diesem merkwürdigen Land begraben. Der Große Geist, der dort oben herrscht, scheint seine Augen woanders gehabt zu haben und hat nicht gesehen, was meinem Volk angetan worden ist.« Zwischen Mai und Oktober 1878 starben 47 Nez Percé in der Reservation der Quapaw-Indianer in Kansas. Um das Los seines Volkes zu bessern, reiste Chief Joseph nach Washington und gab der Presse Interviews: »Wir verlangen nur die gleiche gerechte Chance, zu leben wie andere Menschen auch … Laßt mich wie alle anderen ein freier Mann sein – frei, um zu reisen, frei, um haltzumachen, frei, um zu arbeiten, frei, um Handel zu treiben, wo immer ich möchte, frei, um mir meine eigenen Lehrer auszusuchen, frei, um den Glauben meiner Väter auszuüben, frei, um selbständig zu denken und zu reden und zu handeln.« Im Juni 1879 brachte man die Nez Percé in das Indianerterritorium, wo Josephs eigene Tochter starb. 1983 wurde die Lage der Indianer zu einem nationalen Skandal, so daß der Kongreß den Innenminister ermächtigte, milder vorzugehen. »Am 22. Mai 1883 bestiegen die überlebenden Nez Percé – es waren von den 700 Flüchtlingen nur noch 268 – einen Zug zum pazifischen Nordwesten. Aber … Nur 118 von ihnen wurde gestattet, zu ihrem Stamm in der Lapwai-Reservation in Idaho zu stoßen. Die anderen 150 Nez Percé wurden in die Colville-Reservation im Washington-Territorium verschickt.« Zu diesen letzteren zählte auch Chief Joseph. Sein für das indianische Denken typisches Einheitsgefühl mit der »Mutter« Erde äußerte er im Jahre 1901, als er in einem Interview erklärte: »Meine Heimat liegt im Wallowa Valley, und ich möchte zurück und wieder dort leben. Mein Vater und meine Mutter sind dort begraben. Wenn mir die Regierung nur ein kleines Stück im Wallowa Valley für meine Leute und dazu einen Lehrer geben würde, so ist das alles, was ich verlangen würde.« Doch Präsident Theodore Roosevelt gestattete es nicht. In einen schärferen Kontrast zu der Naturverbundenheit der Ureinwohner Amerikas konnte die Geld-

und Goldgier der Weißen nicht treten als in der Tragödie der Nez Percé. – Vgl. BENJAMIN CAPPS: Die großen Häuptlinge, aus dem Engl. übers. v. Edwin Ortmann, Time Life International, Nederland, B.V. amerik. 1975; dt.: 1980, S. 165–185: Die Odyssee des »indianischen Napoleon«.

Abb. 3 zu S. 22–23: Ein allgemein verbreiteter »Völkergedanke« ist die Vorstellung der »Baumursprungsmythe«, wonach die ersten Menschen aus einem urzeitlichen Baum hervorgegangen sind. Eine berühmte Darstellung dieser Anschauung bietet die S. 37 des *Codex Vindobonensis Mexicanus 1*, einer mittelamerikanischen Bilderhandschrift der Mixteken: Aus einem Baum, der bei Yutatnoho (Apoala) wuchs, entsteigt in der Mittelfuge ein nackter Mann, der indessen bereits mit Ohrschmuck und Gesichtsbemalung geschmückt ist; seine Gefährtin, ebenfalls nackt, doch mit geflochtenen Haaren und gleichermaßen mit Ohrschmuck versehen, befindet sich links über ihm. Der Baum selbst ist ein weibliches Wesen, das einem mit Federn bedeckten Feld entwächst. Zwei schwarzgefärbte Götter, mit ihren Kalendernamen 7 Adler und 7 Regen geheißen, versuchen, den Baum mit messer- und meißelartigen Werkzeugen zu zerspalten. Die Figuren auf dem oberen und linken Bildrand stellen wohl die ersten Nachkommen des Urelternpaares dar. Auf dem rechten Bildrand ist ein der Menschenschöpfung vorangehendes Geschlecht von Elementarwesen dargestellt: Gestalten mit Stein- und Pflanzenzügen umgeben die »Geburtshelfer« des Mittelfeldes: 7 Adler und 7 Regen. Die beiden Gestalten in der zweiten Reihe von oben rechts sind Pflanzendämonen, die noch heute bei einigen Indio-Stämmen Mexikos eine große Bedeutung besitzen. – Vgl. HANS BIEDERMANN: Altmexikos heilige Bücher, Graz 1971, S. 72–73.

Abb. 4 zu S. 24: Paviane wurden in Hermopolis als Verkörperungen des Gottes Thot, des Gottes der Weisheit, verehrt; von daher war der Pavian auch ein Schutzgott der Schreiber und der Schreibkunst. Die Griechen sahen in ihm den Götterboten Hermes (»Hermes Trismegistos« – der dreimal große Hermes). »Die Gewohnheit der Tiere, bei Sonnenaufgang Geschrei und Gezeter zu veranstalten, deutete man bereits im Neuen Reich als besonderes Zeichen der Klugheit und als Huldigung an den Sonnengott. Das Motiv der Paviane mit betend erhobenen Vorderpfoten in der Umgebung der Morgensonne basiert auf dieser Vorstellung.« Der Gott Thot herrschte auch über die Zeitmessung und war mythisch mit dem Mond und den Mondphasen verbunden. »Diese Funktion übertrug sich auch auf den Pavian. Daher sieht man oft über den Ausflußöffnungen von Wasseruhren kleine Figuren von Pavianen in würdiger Haltung, meist wie ein Götterbild auf einem Sockel sitzend, zu dem Stufen führen.« Auch die hier dargestellte Statue könnte als Dekoration einer Wasseruhr gedient haben; vielleicht aber fand sie auch als Weihegabe in einem Tempel oder Hausaltar Verwendung. »Die Beziehung des hier abgebildeten Tieres zu Thot als Herrn des Mondes ist deutlich: Er trägt um den Hals ein Pektoral mit der Darstellung der Mondbarke, deshalb ist auch die jetzt ausgebrochene Krone als Mond in zwei Phasen zu denken: eine Mondsichel, in der eine

Mondscheibe ruht. Das auf dem Sockel umlaufende Ornament setzt sich aus den Hieroglyphen einer häufigen Wunschformel zusammen«: *neb was, neb anch* – alle Kraft, alles Leben. – HANNELORE KISCHKEWITZ, in: Ägyptisches Museum Berlin, hg. v. K.-H. Priese, Mainz 1991.

Abb. 5 zu S. 24: Der (paradiesische) Friede zwischen Mensch und Tier bildete einen zentralen Teil der Religion des thrakischen Mysteriengottes Orpheus, der mit seiner Musik die Tiere verzauberte und die Flüsse stillstehen ließ. Die Christen der Spätantike sahen in Orpheus eine Entsprechung zu dem Psalmensänger David oder auch zu Christus, war doch auch Orpheus in die Unterwelt hinabgestiegen, um Eurydike zu befreien. Ob die Darstellung auf dieser Elfenbeinbüchse aus dem 4. Jh. christlich ist oder nicht, steht nicht endgültig fest. – Vgl. HARRY A. WOLFSON: Die vom Glauben inspirierte Theologie, in: Arnold Toynbee: Auf diesen Felsen, München 1970, 299–316, S. 302.

Abb. 6 zu S. 25: *Weiß und Rot* als Zeichen des Gottes Shiva finden sich oft auf den Wänden südindischer Tempel ebenso wie auf der Stirn der Priester des Gottes. In Conjeeveram (Kanchipuram), 90 km von Madras, der goldenen Hauptstadt des Pallava-Reiches, sieht man diese Farben an der Anlage des Varada-Raja-Tempels, der aus dem 12. Jh. stammt und mehrfach renoviert wurde.

Abb. 7 zu S. 33–34; Anm. 41: Eine Art Antimärchen zu den Motiven der Erzählung von *Schneeweißchen und Rosenrot* schrieb und bebilderte EDVARD MUNCH unter dem Titel *Alpha und Omega* während der Zeit seiner Genesung in der Klinik von Dr. Jacobson 1908/1909. Die Beziehung zwischen Mann und Frau malt sich auch hier in Form einer Begegnung von Frau und Tier, doch gerät unter dem Einfluß der Gedanken von AUGUST STRINDBERG das Bild der Frau ins Unheimliche und Zerstörerische, während der Mann als das Opfer weiblicher List und als tierisch-dumpfes Mittel ihrer Triebbefriedigung erscheint. Alpha und Omega wohnen als die ersten Menschen auf einer paradiesischen Tropeninsel; doch kann Omega nicht treu sein und geht als erstes fremd mit einer Schlange; Alpha erschlägt das Tier, während Omega von fern zusieht. Die aber betrügt Alpha weiter mit einem Bären, mit einer Dichter-Hyäne, und mit einem Tiger – mit allen Tieren der Insel. »Die Augen Omegas waren veränderlich; gewöhnlich waren sie hellblau. Aber wenn sie ihre Liebhaber ansah, wurden ihre Augen schwarz mit Spuren von Karminrot darin, und in solchen Augenblicken pflegte sie ihren Mund hinter einer Blume zu verbergen. Das Herz Omegas war wankelmütig.« Trotz all ihrer Affären beginnt Omega sich zu langweilen, entflieht auf dem Rücken eines Rehbocks und läßt Alpha vereinsamt und verzweifelt zurück, umgeben von all den Kindern Omegas: kleinen Schweinen, kleinen Schlangen, kleinen Affen, kleinen wilden Tieren und anderen Bastarden des Menschen, die ihn »Vater« nennen. Als Omega eines Tages zurückkehrt, erschlägt Alpha sie. »Als er sich über ihren Körper beugte und ihr Gesicht sah, erschrak er über dessen Ausdruck. Es war genau derselbe Ausdruck, den ihr Gesicht im Walde hatte, als er sie am meisten liebte. Während er sie ansah, wurde er von allen seinen Kindern und den Tieren der Insel von hinten angegriffen und von ihnen in Stücke gerissen. Die neue Generation bevölkerte die Erde.« – Während *Schneeweißchen und Rosenrot* das Märchen vom wiedergefundenen Paradies genannt zu werden verdient, ist MUNCHS Geschichte eine persönlich gefärbte Variante der Sündenfallerzählung, wobei die Schuld an dem Verlust des paradiesischen Glücks des »Ursprungs« der Frau gegeben wird.

a) Das Motiv von den Mädchen, die als Blumen erscheinen, kommt bereits in der Vignette von *Alpha und Omega* zum Ausdruck, hier freilich in den drei Lebensstadien *einer* Frau, die als junges Mädchen, als begehrliche Frau und als trauernde Alte »Blüten« treibt (29,8 × 18,7 cm).
b) Omegas Augen (22,9 × 18,7 cm).
c) Omega und der Bär. – MUNCH schrieb dazu: »Omega bebte, als sie den weichen Pelz des Bären an ihrem Körper spürte. Als sie ihm ihre Arme um den Hals legte, versanken sie im weichen Fell.« EDWARD LUCIE-SMITH: Erotik in der Kunst (Sexuality in Western Art, London 1972), aus dem Engl. v. Käthe H. Fleckenstein, München 1997, S. 255.

Die Begegnung mit dem »Tier« (im Manne), die in dem Märchen von *Schneeweißchen und Rosenrot* der ersten Erfahrung eines erwachenden Mädchens mit dem anderen Geschlecht symbolischen Ausdruck verleiht, wird bei dem norwegischen Maler zu einem Symbol der (schuldhaften) Verfallenheit einer erwachsenen Frau an die Macht des Geschlechts; statt einer integrativen Entwicklung zur Liebe schildert die Geschichte von *Alpha und Omega* das unheilvolle Auseinanderfallen von Mann und Frau, die durch die Sexualität aneinander gefesselt sind, obwohl sie einander doch wesensfremd sind und bleiben. Die Symbole des »Tierbräutigams« selbst sind hier wie dort die gleichen, doch ihre Ausdeutung ist vollkommen gegensätzlich.

Abb. 8 zu S. 44: HIERONYMUS BOSCH: Das Jüngste Gericht (um 1486), Eichenholz, Groeningemuseum, Brügge. – Einen zwergenhaften Homunculus zeigt die mittlere Tafel des Triptychons *Das Jüngste Gericht* unten in der Mitte: Ein winziges Männlein, das im Grunde nur ein körperloser uralter Kopf ist, der auf zwei Beinen umherläuft, trägt wie eine Helmwehr einen umgekehrten Nürnberger Trichter mit sich herum, aus dem ein gezückter Krummsäbel sich gefährlich herausschwingt. – Die »Adlergefahr« in dem Märchen von *Schneeweißchen und Rosenrot* könnte kaum besser dargestellt werden: Da würde jemand als Kind von einem raubvogelartigen Intellekt entführt; er müßte sehr schnell sehr groß werden; er könnte als Kind sich nicht entfalten; all seine »Bewegungen« fänden nur in seinem Kopfe statt, der angefüllt ist mit all den Doktrinen, die ihm »eingetrichtert« wurden; und diese rein äußerlich angeeigneten Lehren dienten ihm als Mittel seiner Unangreifbarkeit; sie machten ihn unverletzbar; gleichzeitig aber würde er selber ideologisch-rechthaberisch und doktrinär – ein messerscharfer Verstand, der dennoch vollkommen unmenschlich bliebe. Die akademische Welt scheint voll von solchen BOSCH'schen Homunculi …

ANMERKUNGEN

1 Zum *Motiv der unterschiedlichen Geschwister* vgl. E. DREWERMANN: Strukturen des Bösen. Die jahwistische Urgeschichte in exegetischer, psychoanalytischer und philosophischer Sicht, 3 Bde., Paderborn [4]1982, 2. Bd., 247–256; 3. Bd., 280–283; E. DREWERMANN: Frau Holle, Düsseldorf–Zürich, erweiterte Neuauflage 2003, Anm. 14; 15; 16; O. RANK: Der Doppelgänger (1914), in: Psychoanalytische Literaturinterpretation. Aufsätze aus »Imago«, Zeitschrift für Anwendung der Psychoanalyse auf die Geisteswissenschaften 1912–1937, hrsg. u. eingel. v. J. M. Fischer, Tübingen–München (dtv 4363) 1980, 104–188. Den Zusammenhang von *Schneeweißchen und Rosenrot* mit dem Erleben der Natur betont sehr schön R. MEYER: Die Weisheit der deutschen Volksmärchen, Stuttgart 1969, 58: »Unserem von der Naturgrundlage losgerissenen Denken und Empfinden ist es kaum noch begreiflich, in welchem Maße Sommer und Winter für alles alte Geist-Erleben bestimmend war. Im Pendelschwung der Jahreszeiten erlebte die Menschenseele die Werdegesetze ihres eigenen Wesens und des Weltalls: wie sie mit dem Sprießen und Erblühen der Pflanzenwelt selber auch in ihrem Sinnenwesen für die Weltenschönheit aufgeschlossen wurde und wie sie mit dem Welken und Fruchten der Natur wiederum in sich selbst zurückgehen mußte.« In »Schneeweißchen« und »Rosenrot« sieht R. Meyer demnach zu Recht das »Geheimnis der Jahreszeiten« verkörpert. – J. GRIMM: Deutsche Mythologie (1835), Frankfurt–Berlin–Wien (Ullstein Tb. 35107-08) 1981, 2 Bde.; Bd. II 633; 635; 737, wies darauf hin, daß »Sommer« und »Winter« noch heute als Eigennamen verwandt wenden; allerdings treten »Sommer« und »Winter« bei uns als *männlich* auf und befinden sich »im Kampf gegeneinander« – sehr im Unterschied zu dem weiblichen Einklang des Märchens *Schneeweißchen und Rosenrot*. – Den *Gegensatz* der Geschwister als Sommer und Winter schildert in der Mythologie der Selknam auf Feuerland M. GUSINDE: Nordwind – Südwind. Mythen und Märchen der Feuerlandindianer, Kassel 1966, 11–20. – In der *griechischen* Mythologie war der Kampf zwischen Prometheus und Zeus ein Urbild des Daseins; K. KERÉNYI: Niobe (1946), in: Werke, hrsg. v. K. Kerényi, Bd. IV: Apollon und Niobe, München–Wien 1980, 271, deutete diesen Gegensatz als Kampf zwischen Sonne und Mond.

2 Zur Gestalt der *Großen Mutter* in der Vorgeschichte vgl. E. NEUMANN: Die Große Mutter. Eine Phänomenologie der weiblichen Gestaltungen des Unbewußten, Zürich 1956; Neudruck: Olten–Freiburg 1974, 51981, 99–122; E. DREWERMANN: Frau Holle, Düsseldorf–Zürich, erweiterte Neuauflage 2003, Anm. 17; 20; 21; 22; 23; 24; 25. An der Herkunft aus dem Reich der Großen Mutter dürfte es liegen, daß *die Mutter* von »Schneeweißchen« und »Rosenrot« als »*Witwe*« vorgestellt wird – die Große Mutter existiert ohne Mann und gebiert als Herrin des Lebens aus sich heraus, jungfräulich. Es wäre an dieser Stelle also falsch, eine Psychologie über die Witwenrolle der »Mutter« zu entwerfen und ihre Fürsorge um die Kinder etwa aus dem Fehlen eines Mannes zu erklären. Sie repräsentiert mehr das mütterliche Klima des Vertrauens und der Geborgenheit an sich, als daß ihr in dem Märchen eine eigene psychologische Entwicklung zugeschrieben würde (im Unterschied etwa zum Märchen *Rapunzel*, KHM 12). SIR GALAHAD (d. i. Helene Diener): Mütter und Amazonen. Liebe und Macht im Frauenreich, Berlin [2]1962; München–Berlin 1975; Ullstein 34044, 1981, 11–28, schilderte in der Nachfolge J. J. BACHOFENS treffend das Geheimnis der Parthenogenese und des schwarz-weißen Doppelcharakters der »Eimütter« im Zusammenhang mit dem Animismus und resümierte: »Animismus und unbefleckte Empfängnis gehören offenbar zusammen.« (16) Die Universalität der Großen Göttin zeigt das Bild der ägyptischen *Isis*, von der es in der Römerzeit hieß: »Ich bin die Mutter der ganzen Natur, die Herrin aller Elemente, Anfang und Ursprung der Jahrhunderte, die oberste Gottheit, die Königin der Toten, die erste der Bewohner des Himmels, das einzigartige Vorbild der Götter und Göttinnen. Die lichtvollen Höhen des Himmels, die heilsamen Lüfte des Meeres, das quälende Schweigen der Unterwelt – ich bin es, die all das nach ihrem Wunsch und Willen leitet.« G. POSENER: Dictionnaire de la Civilisation Egyptienne; dt.: Lexikon der ägyptischen Kultur; übers. v. J. u. I. Beckerath; Wiesbaden o. J., 113. Auf die »freundliche rein weibliche Welt, in der alles so sanft und rosenrot ist, in der nie gestritten wird«, weist im Rahmen ihrer Interpretation des Märchens M.-L. V. FRANZ hin: The Feminine in Fairy Tales, New York 1974; dt.: Das Weibliche im Märchen; übers. v. J. v. Graevenitz, Stuttgart 1970, 60. Dieses Paradiesesbild aber gehört zur Welt der Großen Göttin. – Zur Gestalt der *Mutter Erde* bei den *Römern* vgl. LUKREZ: De rerum natura. Welt aus Atomen. Lat. u. deutsch, übers. v. K. Büchner, Stuttgart (reclam 4257–59a) 1973, 408–413; Buch V 782–845, wo Lukrez die Natur als ein Weib schildert, das alles aus sich gebiert und sich in seinen Geburten erschöpft. K. KERÉNYI: Urmensch und Mysterium (1947), in: Werke, Bd. IV, 293–298. – Das Gegenbild zu der friedlichen Welt von »Schneeweißchen« und »Rosenrot« im Haus von Mutter Natur bildet die extrem patriarchalische Erzählung *Die zwei Brüder* (KHM 60), in der die beiden Zwillingsbrüder offenbar allein von ihrem Vater großgezogen werden. Auch im »Brüdermärchen« geht es um die Gemeinschaft mit den Tieren und die Auseinandersetzung mit einem übermächtigen »Untier«, aber der Weg zur Liebe, den das matriarchalische Märchen *Schneeweißchen und Rosenrot* so harmonisch schildert, verwandelt sich in dem männlichen »Brüdermärchen« Stufe um Stufe in einen Kampf auf Leben und Tod. Zur Deutung des Brüdermärchens vgl. H. VON BELT: Symbolik des Märchens, 2 Bde.; 1. Bd.: Symbolik des Märchens. Versuch einer Deutung, Bern 1952; 2. Bd.: Gegensatz und Erneuerung im Märchen, Bern 1956, 331–334.

3 T. C. MC LUHAN: Touch the Earth, 1971; dt.: ... wie der Hauch eines Büffels im Winter. Indianische Selbstzeugnisse; übers. v. E. Schnack; Hamburg 1979, 70.

4 So die Ansicht von F. W. J. SCHELLING: Über Mythen, historische Sagen und Philosopheme der ältesten Welt, in: Memorabilien. Eine philosophisch-theologische Zeitschrift der Geschichte und Philosophie der Religionen, dem Bibelstudium und der morgenländischen Literatur gewidmet; hrsg. v. H. E. G. Paulus, Leipzig 1793, 1–68; Neudruck in: F. W. J. Schelling: Werke, hrsg. v. W. G. Jacobs, J. Jantzen, W. Schieche, 1. Bd., 204, wo Schelling in den Mythen den »Geist der Kindheit« gestaltend am Werke sieht.

5 Zur Beschreibung des »*Welthauses*« vgl. W. MÜLLER: Die Religionen der Waldlandindianer Nordamerikas, Berlin 1956, 296–317; DERS.: Glauben und Denken der Sioux. Zur Gestalt archaischer Weltbilder, Berlin 1970, 130–161.

6 Vgl. W. MÜLLER: Die heilige Stadt. Roma quadrata, himmlisches Jerusalem und die Mythe vom Weltnabel, Stuttgart 1961, 53–114 (für den germanischen Bereich).

7 B. JOHNSTON: Ojibway Heritage, Toronto 1976; dt.: Und Manitu erschuf die Welt. Mythen und Visionen der Ojibwa; übers. v. J. Eggert; Düsseldorf–Köln 1979, 29.

8 T. C. MC LUHAN.: ... wie der Hauch eines Büffels im Winter, 60.

9 B. JOHNSTON: Und Manitu erschuf die Welt, 30–31.

10 Zur *Naturfremdheit* bes. des abendländisch-christlichen Weltbildes vgl. E. DREWERMANN: Der tödliche Fortschritt. Von der Zerstörung der Erde und des Menschen im Erbe des Christentums, Regensburg (Engagement) [2]1982, 79–84; 90–110.

11 Zitiert *nach* W. MÜLLER: Geliebte Erde. Naturfrömmigkeit und Naturhaß im indianischen und europäischen Nordamerika, Bonn 1972, 29.

12 Ein Ausdruck, mit dem man F. SCHILLERS Dramengestalten *Max Piccolomini* und *Thekla von Friedland* bezeichnet, die sich beide gegen die Macht des »Schicksals«, das nur Menschenfügung und -intrige ist, auf das Zeugnis ihres Herzens berufen (F. Schiller: Die Piccolomini, 3. Aufz., 8. Auftritt; 5. Aufz., 1. Auftritt). Während bei Schiller der Gegensatz von Schicksalspflicht und Herzenspflicht nur tragisch – also gar nicht – zu vermitteln ist, stellt sich im Grunde die Frage, woher diese Kluft zwischen der »Kinderreinheit« und der Tragik des Er-

wachsenenlebens stammt und wie sich wenigstens die Pflicht des Herzens unverstellt und rein auch ins Erwachsenenleben hinüberretten läßt. Thekla z. B., die ihren kindlichen Klostergehorsam in einem tieferen Gehorsam gegenüber der Stimme ihres eigenen Wesens überwindet, zeigt diese Art erwachsener »Kindlichkeit« und reifer, selbstbewußter Unschuld.

13 Zu dieser *Einheit von Mensch und Pflanze* vgl. die Studie von A. E. JENSEN: Die getötete Gottheit. Weltbild einer frühen Kultur, Urban Tb. 90, 1966, 47–52, wo er den polynesischen Mythos der Wemale auf Ceram von der *Hainuwele* erörtert, die als Kokospalme und Mond verehrt wird; vgl. E. DREWERMANN: Strukturen des Bösen, 2. Bd., 603–610. – Insbesondere gilt die Große Mutter als »Herrin der Pflanzen«; E. NEUMANN: Die Große Mutter, 229–253. Verschiedene ägyptische Göttinnen wie *Isis* und *Hathor* konnten der Seele des Verstorbenen aus einem Baum heraus Brot und Lebenswasser reichen. Vgl. V. IONS: Egyptian Mythology, London 1968; dt.: Ägyptische Mythologie; übers. v. J. Schlechta, Wiesbaden 1968, 22, Abb.; E. DREWERMANN: Strukturen des Bösen, 3. Bd., Abb. 1; ein Gott wie Nefertem (»Schön ist Atum«) entstammte der Lotusblume. – Entsprechend verbreitet ist das Motiv der weiblichen (Urzeit-)Bäume, aus denen die Menschen hervorgegangen seien. Zum Motiv der *Baumgeburt* in *Afrika* vgl. H. BAUMANN: Schöpfung und Urzeit des Menschen im Mythus der afrikanischen Völker, Berlin 1936; Neudruck: 1964, 224–235. Von »Baummenschen« erzählen die *australischen* Eingeborenen; A. W. REED (Ed.): Aboriginal Myths. Tales of the Dreamtime. Aboriginal Legends. Animal Tales, Sydney; dt.: Am Anfang war die Traumzeit. Die Legenden und Mythen der Aboriginals; übers. v. S. Fendel; Köln 1981, 169–181. – Zur *Baumursprungsmythe* in *Mittelamerika vgl.* E. DREWERMANN: Die Symbolik von Baum und Kreuz in religionsgeschichtlicher und tiefenpsychologischer Betrachtung, unter besonderer Berücksichtigung der mittelamerikanischen Bilderhandschriften, Schwerte (Veröffentlichungen der Akademie Schwerte, Nr. 2) 1979, 10–13. – Die Einheit des Baumsymbols mit der Welt der Großen Mutter zeigt sich in den Kulten des *Adonis, Attis, Agdistis etc.;* vgl. K. KERÉNYI: Arbor intrat (1947), in: Werke, Bd. IV, 420–426. – Auch manche *Namen* wie »Liane«, »Rosa«, »Margret«, »Erika« oder »Iris« verweisen auf die alte Vorstellung der Pflanzenherkunft und Blumenverwandtschaft des Menschen, vor allem der Mädchen. Der ägyptische *Sinuhe z. B.* heißt wörtlich »Sykomorensohn« (s' – nht) (A. ERMAN: Ägyptische Grammatik mit Schrifttafel, Litteratur, Lesestücken und Wörterverzeichnis, Berlin 1894, 17*); und der biblische Ijob nennt eine seiner Töchter Kezia, »Zimmetblüte« (Ijob 42,24). – Bei den *Azteken* wurden die Jungen oft auf Tiernamen, die Mädchen auf Blumennamen getauft. H. HELFRITZ: Amerika. Land der Inka, Maya und Azteken, Wien 1965, 145. Ähnliche Beispiele aus der Ethnologie ließen sich endlos vermehren. – Zu ägyptischen Pflanzennamen für Frauen vgl. S. SCHOTT: Altägyptische Liebeslieder. Mit Märchen und Liebesgeschichten, Zürich ²1950, 103.

14 B. JOHNSTON: Und Manitu erschuf die Welt, 40.

15 B. JOHNSTON: Und Manitu erschuf die Welt, 40–41.

16 SCHWARZER HIRSCH (Black Elk): Black Elk speaks, ed. by J. Neihardt, New York 1932; dt.: Ich rufe mein Volk. Leben, Visionen und Vermächtnis des letzten großen Sehers der Oglala-Sioux; übers. v. S. Lang; Olten–Freiburg ⁶1981, 184.

17 V. IONS: Ägyptische Mythologie, 22; 85; 133–134; S. 42 Abb.; S. 74 Abb.; S. 75 Abb.

18 V. IONS: Ägyptische Mythologie, 21; 23; 45; 123. Das Symbol des *Mistkäfers* für die aufgehende Sonne entstammt nicht nur dem Brutpflegeverhalten des Tieres, sondern beruht auch auf der Übertragung der Konsonanten hpr – »Käfer« auf das Wort hpr – »werden«. A. ERMAN: Ägyptische Grammatik, 14.

19 Vgl. zu den *Paradiesesvorstellungen* der Bibel E. DREWERMANN: Strukturen des Bösen, 1. Bd., Paderborn ³(erw.) 1982, 365–378; vgl. auch E. DREWERMANN: Frau Holle (Grimms Märchen tiefenpsychologisch gedeutet), 33–36; – E. DREWERMANN: Der tödliche Fortschritt, 104–110.

20 A. FOL U. I. MARAZOV: Goldene Fährte Thrakien. Porträt einer schriftlosen Hochkultur, o. J. (Verlag: Wort und Welt), 30.

21 LIÄ DSI: Das wahre Buch vom quellenden Urgrund. Die Lehren der Philosophen Liä Yü Kou und Yang Dschu (ca. 350 v. Chr.); aus dem Chines. übertr. v. R. Wilhelm; Düsseldorf–Köln 1972, 68–69.

22 W. VON DEN STEINEN und M. KIRSCHSTEIN (Übers.): Franz von Assisi: Die Werke, Hamburg (rk 34) 1958, S. 7; 93–95; 122–124. Aber auch Franziskus sah in den Tieren eher christologische Symbolträger als Wesen mit eigenen Lebensrechten neben dem Menschen; vgl. E. DREWERMANN: Der Krieg und das Christentum. Von der Ohnmacht und Notwendigkeit des Religiösen, Regensburg (Engagement), 1982, 185–194.

23 M. LÜSCHER: The Lüscher Color Test, New York 1969; dt.: Der Lüscher Test. Persönlichkeitsbeurteilung durch Farbwahl, Hamburg 1971, 54. Speziell zur *roten* Farbe als einem weiblichen Sexualsymbol vgl. W. STEKEL: Die Sprache des Traumes. Eine Darstellung der Symbolik und Deutung des Traumes in ihren Beziehungen zur kranken und gesunden Seele, München [3]1927, 125–126. Zu dem *Gegensatz von Rot und Weiß* ist ein Traum interessant, den S. FREUD: Die Traumdeutung (1900; mit Zusätzen bis 1935), in: Gesammelte Werke, Bd. 1/2, London [1]1942, 324, aufführt, in dem die Träumerin sieht, wie sie mit einem blühenden Zweig in den Händen über ein Geländer steigt. Aufgrund der Assoziationen (eine Fronleichnamsprozession weißgekleideter Mädchen und die rote Farbe der Kamelienblüten) deutete Freud den Traum als Hinweis auf »die sexuelle Unschuld … und auf ihr Gegenteil«: die »Kameliendame« und die Anspielungen auf die weibliche Periode stehen im Kontrast zu den Bildern der sexuellen Unberührtheit. – Das »*Röslein rot*« als Bild der erwachenden Liebe ist in J. W. V. GOETHES Gedicht »*Heideröslein*« auf ebenso unsterbliche wie tragisch-traurige Weise besungen worden; das Röslein wird gegen seinen Widerstand von dem Knaben gebrochen, und das in sich gebückte, unbekannte Veilchen, das sich danach sehnt, als Zierde der Liebe gepflückt zu werden, muß damit zufrieden sein, von der jungen Schäferin, wo nicht gepflückt, so wenigstens zertreten zu werden (J. W. v. Goethe: Gedichte. Hrsg. u. komm. v. E. Trunz, München 1974, 78–79). – Die ursprünglich *weibliche Einheit von Rot und Weiß* im Bild der Rosenbäumchen stellt sehr schön ein Traum dar, den G. BÜCHNER dem von Schizophrenie unheilbar geplagten *Lenz* in den Mund legt, »wie ihm die Nacht seine Mutter erschienen sei; sie sei in einem weißen Kleid aus der dunkeln Kirchhofmauer hervorgetreten und habe eine weiße und eine rote Rose an der Brust stecken gehabt; sie sei dann in eine Ecke gesunken, und die Rosen seien langsam über sie gewachsen …« G. Büchner: Lenz (1836), in: Gesammelte Werke, hrsg. v. H. Honold; Goldmann Tb. 7510, o. J., 87–88. – In den beiden Rosenbäumchen lebt die Polarität des Weiblichen in seinen äußersten Entfaltungsmöglichkeiten. Etwas zu allgemein, wenngleich dem Sinn nach richtig, ist deshalb die Feststellung von R. MEYER: Die Weisheit der deutschen Volksmärchen, 58–59, wenn er in »Schneeweißchen« und »Rosenrot« den Gegensatz zwischen »Sinnespol und … Gedankenpol« bzw. »den Unterschied des in sich gekehrten Denkens und des Welt aufgeschlossenen Wahrnehmens gespiegelt« findet. – Das Problem, »Rot« und »Weiß« miteinander zu versöhnen, bildet im Grunde eine *religiöse* Aufgabe: die indischen Anhänger des Gottes *Shiva* weisen darauf hin, indem sie die Außenmauern der Tempel ihres Gottes mit roten und weißen Streifen überziehen, um den Gegensatz von Frömmigkeit und Fruchtbarkeit, von Innerlichkeit und Äußerlichkeit, von Gottesliebe und Menschenliebe, von Religiosität und Weltlichkeit als *Einheit* in dem Gott des Widerspruchs von Schöpfung und Zerstörung darzustellen.

24 C. G. JUNG: Über die Energetik der Seele (1928), in: Gesammelte Werke, Bd. 8: Die Dynamik des Unbewußten, Olten–Freiburg 1971, [3]1979, 43–52, stellte den Gegensatz von Introversion und Extraversion den psychischen Bewegungen von Regression und Progression bzw. dem Dualismus von Thanatos und Eros bei S. FREUD gleich. Die Extraversion definierte C. G. JUNG als »eine Hinausverlegung des Interesses aus dem Subjekt auf das Objekt«, in der Introversion sah er »eine negative Beziehung des Subjektes zum Objekt«. »Jemand, der introvertiert eingestellt ist, denkt, fühlt und handelt in einer Art und Weise, die deutlich erkennen läßt, daß das Subjekt in erster Linie motivierend ist, während dem Objekt höchstens ein sekundärer Wert zukommt.«: Definitionen, in: Gesammelte Werke, Bd. 6: Psychologische Typen, Olten–Freiburg 1971, [13]1978, 467; 480.

25 N. HARTMANN: Ethik, Berlin 1926, [4]1962, 414–415 begründete die *Antinomie von »Reinheit und Fülle«* als eine widersprüchliche Verwiesenheit aufeinander. »Es gibt die ewige Sehnsucht des in der Fülle Stehenden nach der Reinheit zurück, die er verloren, die Sehnsucht des sittlich Gereiften und Erfahrenen überhaupt, nach dem idealen Urstande kindlicher Unschuld, Einfalt, Unbefangenheit. Und es gibt ebenso die Sehnsucht des noch in der Reinheit Stehenden nach der Fülle, der er entgegenreift, die Sehnsucht des Kindes nach dem vollen, reichen Menschentum des Erwachsenen – eine Sehnsucht, die gerade auf den dunkel geahnten Ernst des Konfliktes der Verantwortlichkeit, ja der Lebenstragik geht.«
26 Die *tödliche Ambivalenz* dieses Konfliktes wird geschildert bei M. PROUST: Die Beichte eines jungen Mädchens, in: Tage der Freuden, Ullstein Tb. 71, 1977, 89–162; referiert bei E. DREWERMANN: Strukturen des Bösen, 1. Bd., [3](erw.) 1981, 402–405. – Sehr lesenswert ist demgegenüber die Erzählung von P. GALLICO: Love of Seven Dolls; dt.: Kleine Mouche, in: P. Gallico: Kleine Mouche. Die Schneegans, Pepino; übers. v. J. u. Th. Knust; Goldmann Tb. 902, o. J., 6–99, in der gleichermaßen geschildert wird, wie ein in sich ganz und gar harmonisches Mädchen »die letzte Schwelle zwischen Kindheit und Weibtum überschritt« (97) und dabei hinter der Widersprüchlichkeit verschiedener Rollen die eine Person des Geliebten zu entdecken lernte. P. Gallicos Thema ist nicht der angeblich notwendige Sündenfall des »Guten« auf dem Wege zum Erwachsensein, sondern im Gegenteil: die mögliche Bewahrung der inneren Harmonie und Herzensreinheit und die Erlösung des »Bösen«, das »nicht leben« kann »ohne das Gute« (96). P. Gallicos Erzählung wurde 1952 unter dem Titel »Lili« durch Charles Walters verfilmt (Hauptrolle: Leslie Caron).
27 C. G. JUNG: Werke, Bd. 6, [13]1978, 364–365 beschrieb die *Hysterie* als »die weitaus häufigste Neurose des extravertierten Typus«, gekennzeichnet »durch einen übertriebenen Rapport mit den Personen der Umgebung«, durch »die geradezu imitatorische Einpassung in die Verhältnisse« sowie durch »die beständige Tendenz, sich interessant zu machen«, schließlich durch »die sprichwörtliche Suggestibilität« und eine außerordentliche »Mitteilsamkeit«. Allerdings steht die Typenlehre C. G. Jungs bei manchen seiner Schüler und Adepten sehr in der Gefahr, hinter der phänomenologischen Deskription den genetischen Gesichtspunkt als bloßen »Reduktionismus« oder »Kausalismus« außer acht zu lassen. Die »Typen« fallen nicht vom Himmel, sondern sie ergeben sich unter dem Eindruck eng umschriebener frühkindlicher Erlebnisse.
28 Im Sinne von F. SCHILLER: Über Anmut und Würde (1793), in: F. Schiller: Werke; hrsg. v. P. Stapf; 2 Bde., Wiesbaden (Tempel-Klassiker) o. J.; Bd. II, 505: »Anmut ist eine Schönheit, die nicht von der Natur gegeben, sondern von dem Subjekt selbst hervorgebracht wird.« Die Schönheit sah Schiller in der Mitte »zwischen der *Würde*, als dem Ausdruck des herrschenden Geistes, und der Wollust, als dem Ausdruck des herrschenden Triebes«. »Wenn nämlich weder die über die Sinnlichkeit herrschende Vernunft noch die über die Vernunft herrschende Sinnlichkeit sich mit Schönheit des Ausdrucks vertragen, so wird ... derjenige Zustand des Gemüts, wo Vernunft und Sinnlichkeit, Pflicht und Neigung zusammenstimmen, die Bedingung sein, unter der die Schönheit des Spiels erfolgt« (526). Nach dieser Terminologie ist das Märchen *Schneeweißchen und Rosenrot* ein durch und durch *»schönes«* Märchen.
29 So deutete vor allem K. KERÉNYI die griechische Mythe der Göttin *Nemesis* als »das Widerstreben der ungebrochenen weiblichen Natur, das artemisische Verhalten der Ur-Weiblichkeit dem allbezwingenden Manneswillen gegenüber«, und er fügte hinzu: »Die Gestalt der Göttin Nemesis ... ist völlig unverständlich, wenn man etwa vom Begriff der Vergeltung und nicht von dieser urweiblichen Wirklichkeit ausgehen will.«: K. Kerényi: Die Geburt der Helena (1937), in: Werke, Bd. 1, 1966, 57. »Nemesis« bedeutet griechisch den »gerechten Zorn, der sich gegen diejenigen richtet, die eine Ordnung ... durchbrochen haben«, der Zorn aber, den Nemesis verkörperte, richtete sich gegen das Urbild griechischer Männlichkeit, gegen Zeus selbst, der die Fliehende bis ins Meer hinein verfolgte, wo beide sich in Fische verwandelten. »Auf dem Festland nahm sie (sc. Nemesis, d. V.) die Gestalt von Erdentieren an, um dem verfolgenden

Gott zu entkommen. Schließlich verwandelte sich Nemesis in eine Gans, Zeus nahm die Gestalt eines Schwanes an und vereinigte sich mit ihr. Sie gebar das Ei, aus dem das schöne Weib hervortrat, das für die Menschen so verhängnisvoll werden sollte … die Zeustochter Helena.«: K. KERÉNYI: Die Mythologie der Griechen, 2 Bde., dtv 1345–46, 1966, 1. Bd.: Die Götter- und Menschheitsgeschichten, 85–86. Auch *Helena* erduldet – als Mondgöttin – erneut Raub und Flucht, ja das Motiv der »magischen Flucht« der verfolgten Frau kann sogar zum Grundmotiv kosmogonischer Mythen werden (K. KERÉNYI: Werke, Bd. I, 53).

30 Selbst in der christlichen Theologie ist die Auffassung offenbar unausrottbar, die menschliche Geschichte sei nur als Folge eines »Sundenfalls« verstehbar. Vgl. dazu E. DREWERMANN: Strukturen des Bösen, 3. Bd., 148–166.

31 H. DIELS: Die Fragmente der Vorsokratiker. Nach der 8. v. W. Kranz hrsg. Aufl., eingef. v. G. Plamböck, Hamburg (rk 10) 1957, S. 28: HERAKLIT, Fr. 80: »Man soll aber wissen, daß der Krieg gemeinsam (allgemein) ist und das Recht der Zwist und daß alles geschieht auf Grund von Zwist und Schuldigkeit.« (Vgl. Fr. 53: »Krieg ist aller Dinge Vater, aller Dinge König …«) Einzig Gott sah Heraklit den Widersprüchen enthoben bzw. als Einheit aller Gegensätze, wie Fr. 67 anzeigt: »Gott ist Tag Nacht, Winter Sommer, Krieg Frieden, Sattheit Hunger. Er wandelt sich aber gerade wie das Feuer, das, wenn es mit Räucherwerk vermengt wird, nach dem Duft eines jeglichen heißt.« M. a. W.: Gott allein ist eine unvergängliche und unveränderliche Kraft, die errichtend und vernichtend in allem sich erhält und in sich alles unterhält; die menschliche Geschichte und der Gang der Welt aber sind das Ergebnis von Widersprüchen, teils solchen, die in der Natur liegen, teils solchen, die die Menschen von sich selbst her in die Welt hineintragen; aber selbst das Denken in Widersprüchen ist nur ein Gebilde des menschlichen Geistes und der Gottheit fremd. Vgl. Fr. 102: »Für Gott ist alles schön und gut und gerecht; die Menschen aber haben das eine als ungerecht, das andere als gerecht angenommen.«

32 Zu G. W. F. HEGELS Geschichtsphilosophie *im Gegensatz zu* der Sündenfallerzählung der Bibel vgl. die Kritik bei E. DREWERMANN: Strukturen des Bösen, 3. Bd., 166–177.

33 DSCHUANG DSI: Das wahre Buch vom südlichen Blütenland; aus dem Chines. übers. v. R. Wilhelm (1912); Köln–Düsseldorf 1972, 290.

34 L. VON BERTALANFFY – W. BEIER – R. LAUE: Biophysik des Fließgleichgewichts, Braunschweig [2](bearb. u. erw.) 1977.

35 B. JOHNSTON: Und Manitu erschuf die Welt, 28–29.

36 DSCHUANG DSI: Das wahre Buch vom südlichen Blütenland, 243–244.

37 Zu dem religiösen *Grundgefühl der Geborgenheit* als Voraussetzung eines paradiesischen Welterlebens vgl. die Interpretation der biblischen Paradieserzählung bei E. DREWERMANN: Strukturen des Bösen, 1. Bd.: Die jahwistische Urgeschichte in exegetischer Sicht, erg. durch ein Nachw.: Von dem Geschenk des Lebens oder: das Welt- und Menschenbild der Paradieserzählung des Jahwisten, 356–413.

38 Der *»Engel«* entspricht tiefenpsychologisch zunächst der positiven Seite der Vater- und Mutterimago, im Gegensatz zum »Teufel«, der die negative Seite des introjizierten Elternbildes vertritt. E. DREWERMANN: Der Teufel im Märchen, in: Archiv für Religionspsychologie, Bd. 15, 1982, 104 ff. – Reaktiv können sich in den »Engel« (bzw. in den »Teufel«) diejenigen Einstellungen projizieren, die das Ich unter dem Anspruch des kindlichen Überichs ausprägen muß. Der »Engel« vertritt dann nicht nur das Ichideal, sondern auch das ideale Bild des Ichs von sich selbst. So im vorliegenden Falle. Darüber hinaus aber kann die *archetypische* Gestalt des Engels auch das eigene *Wesen* verkörpern und tritt in den Märchen, Mythen und Legenden dann zumeist als Seelenbegleiter auf dem Wege zu sich selbst auf, wie im biblischen Buch *Tobit* oder in dem Märchen *Mädchen ohne Hände* (KHM 31); vgl. E. DREWERMANN: Das Mädchen ohne Hände, Düsseldorf–Zürich, erweiterte Neuausgabe 2004, 57, Anm. 31. Das beste Abbild – und auch wohl die religionshistorische Vorform – für diese Vorstellung des »Engels«, die auch die christliche Anschauung stark beeinflußt hat, ist *die ägyptische Anschauung der Ka-Seele,* die auf den Darstellungen beim Totengericht hin-

ter den Verstorbenen tritt und in den Gräbern in einer eigenen Nische beim Leibe des Verstorbenen weilt. Das *Ka* ist an sich die schöpferische Kraft, die das Leben des einzelnen wie das Leben der Natur durchzieht, eine Art göttlichen Geistes in allen Dingen; individuell ist es das geistige Urbild, das dem Leben zugrunde liegt und am Ende des Lebens wie ein »Todesengel« den einzelnen erwartet. »Zu seinem Ka gehen« bedeutet dann soviel wie Sterben. G. POSENER: Dictionnaire de la Civilisation Egyptienne; dt.: Lexikon der ägyptischen Kultur; übers. v. J. u. I. v. Beckerath; Wiesbaden o. J. (1960), 118–119.

39 Zum mythischen Gedanken der *Urschuld* und seinen religionshistorischen und tiefenpsychologischen Gründen vgl. E. DREWERMANN: Strukturen des Bösen, Bd. 2, 594–615; Bd. 3, 43–53; 148–166.

40 Zum Symbol der *Dreizahl* vgl. E. DREWERMANN – I. NEUHAUS: Der goldene Vogel, Olten–Freiburg 1982, 38; Anm. 16; 17.

41 *Wilde Tiere* gelten allgemein als Triebsymbole. Zur Tiersymbolik im Traum vgl. W. STEKEL: Die Sprache des Traumes. Eine Darstellung der Symbolik und Deutung des Traumes in ihren Beziehungen zur kranken und gesunden Seele, München [3]1927, 102–121. Daß aber die einbrechende Sexualität im Märchen *Schneeweißchen und Rosenrot* gerade in der Gestalt eines *Bären* symbolisiert wird, könnte eine alte Erinnerung an den *Bärenkult* darstellen, dessen Anfänge bereits im Moustérien zu liegen scheinen. Vgl. G. CONSTABLE: The Neanderthals, New York 1972; dt.: Die Neandertaler; übers. v. Ch. u. H. Wiemken; bearb. v. K. Lorenzen und J. Volbeding, rororo life 67, 1977, 115–120. Allerdings ist das Fundmaterial vorsichtig auszuwerten – manche »Anordnungen« der gefundenen Bärenknochen könnten auf natürliche Weise von den Bären selbst geschaffen worden sein. Vgl. A. LEROI-GOURHAN: Les religions de la préhistoire, Paléolithique, Paris 1964; dt.: Die Religionen der Vorgeschichte. Paläolithikum; übers. v. M. Bischoff; Frankfurt (sv 1073) 1981, 37–43. Auch vor Rückschlüssen aus den rezenten ethnologisch verbreiteten Beispielen des Bärenkults auf die religiösen Vorstellungen des Paläolithikums kann man nur warnen; vgl. H. MÜLLER-KARDE: Geschichte der Steinzeit, München [2](erg.) 1976, 263. Gleichwohl scheint der Bär innerhalb des altsteinzeitlichen »Animalismus« eine große Rolle gespielt zu haben. – *Ethnologisch* hat J. G. FRAZER: The Golden Bough, 10 Bde., London [3]1911–1935; abgek. Ausg. 1922; danach dt.: Der goldene Zweig. Das Geheimnis von Glauben und Sitten der Völker; übers. v. H. v. Bauer; Leipzig 1928, 734–753, ein reichhaltiges Material für den Kult und die Tötung des heiligen Bären vorgelegt. Interessant ist dabei vor allem die Verbindung von Bärenkult und Astralreligion, wie sie z. B. in dem sibirischen Märchen von der Mos-Frau zum Ausdruck kommt. Vgl. J. GULYA: Sibirische Märchen. 1. Bd.: Wogulen und Ostjaken; übers. aus dem Ungarischen v. R. Futaky; Düsseldorf–Köln 1968, 26–36; 284–285. Nach diesen Vorstellungen opfert sich der Bär, indem er im Gehorsam gegenüber dem Willen des Himmelsvaters Torem sich den Menschen überliefert und in den Tod gibt; seine Tatzen aber werden an einem Fluß beigesetzt, und er selbst erscheint als Sternbild des Großen Bären am Himmel. – Vor diesem Hintergrund hat R. MEYER: Die Weisheit der deutschen Volksmärchen, Stuttgart 1969, 61, nicht unrecht, wenn er das Auftreten des Bären in *Schneeweißchen und Rosenrot* mit dem winterlichen Eindruck des Fixsternhimmels in Verbindung bringt und an die finnische Erzählung des *Kalewala-Epos* erinnert, wo *Linda,* »die in der Wiek, dem westlichsten Kreis des Landes, bei ihrer verwitweten Mutter lebte«, von vielen Freiern umworben wird, darunter der Mond, die Sonne, der Sternenknabe, der Wasserfreier und der Wind; aber Linda weist sie alle ab und erwählt nur den riesenkräftigen *Kalev;* A. V. LÖWIS OF MENAR (Hrsg.): Finnische und estnische Märchen, Düsseldorf–Köln 1962, 283; in Kalev muß man den Polarstern erkennen, »ihn, im Glanz der sieben Sterne, seiner ewigen Gefährten«. R. MEYER: a. a. O., 61. Der Nordstern als »Freier der Jungfrau Menschenseele« (a. a. O., 62) scheint auch für den *Bären* in dem Märchen von *Schneeweißchen und Rosenrot* als archetypisches Vorbild zu dienen. – Zudem scheint der Bär eine gewisse *Verbindung zur Welt der Großen Mutter zu* besitzen; vgl. J. J. BACHOFEN: Der Bär in den Religionen des Altertums (1863), in: Ges. Werke in 10 Bdn., hrsg. v. K. Meuli; Bd. 5, Basel 1982 – auch von da her könnte sein Erscheinen in dem rein weiblichen Umkreis von *Schnee-*

weißchen und Rosenrot motiviert sein. – In der griechischen Antike stand besonders die Göttin *Artemis* mit dem Bären in enger Beziehung; daß Mädchen als »Bärinnen« *der Artemis Brauronia* dienen mußten, erwähnt ARISTOPHANES: Lysistrate, 645, in: Aristophanes: Sämtliche Komödien, hrsg. v. H. J. Newiger, überarb. Übers. v. L. Seeger, dtv 6066, 1976, 390. Manche Etymologen wollten in Artemis geradewegs die »Bärengöttin« und Stammutter der »Bärenmänner«, der »Arkades«, erkennen; aber wenn ihr Name auch wohl eher die »hohe, große Göttin« bedeutet, so ist doch gewiß, daß sie in theriomorpher Weise in Gestalt eines Bären erscheinen konnte: von der Jungfrau *Kallisto* wird berichtet, daß sie die schönste Jägerin war und jungfräulich bleiben wollte – eine Tochter des Nykteus, des »Mannes der Nacht«; aber Zeus verführte sie, in der Gestalt der Artemis, als Bärin, sich mit dem Gott zu verbinden. »Nach den späteren Visionen entdeckte Artemis beim Baden die Schwangerschaft der Gefährtin und verwandelte sie aus Zorn in eine Bärin.« K. KERÉNYI: Die Mythologie der Griechen, 1. Bd.: Die Götter- und Menschheitsgeschichte, dtv 1345, 1966, 117. Artemis erschien auch in der jungfräulichen Jägerin *Atalante,* die von einer Bärin im Parthenion-Gebirge großgezogen wurde; K. KERÉNYI: Die Mythologie der Griechen, 2. Bd.: Die Heroengeschichten, dtv 1346, 1966, 98. – Psychologisch wichtig zum Verständnis des Bärensymbols der Artemis ist die vernichtende »Gier der jungfräulichen Göttin nach der Lebenskraft ihres männlichen Partners«, die dem Begehren der Göttin nach immer neuen blutigen Opfern entspricht. K. ZIEGLER – W. SONTHEIMER: Der Kleine Pauly. Lexikon der Antike, 5 Bde., Bd. 1, dtv 5963, 1979, 622. – Im Unterschied zu dem *verschlingenden* Aspekt des Bären als eines Symbols der Unersättlichkeit eines unbefriedigten, jungfräulichen Liebesverlangens ist im Märchen *Schneeweißchen und Rosenrot* gerade die *Harmlosigkeit* des »Bären« zu beachten. – Zum Motiv des *hilfreichen* Bären und seiner Verwandlung in wohlmeinende Menschen und Liebesgefährten vgl. L. MACKENSEN: Handwörterbuch des deutschen Märchens, hrsg. v. L. Mackensen unter Mitwirkung von J. Bolte; Berlin–Leipzig 1930/33, Bd. I 157–159. – Der *Wolf* im Märchen *Rotkäppchen* (KHM 26) etwa, der gleichfalls als Verkörperung der erwachenden Sexualität in eine rein weibliche Welt einbricht, ist Triebmacht und Verkörperung des Überichs zugleich; E. FROMM: The forgotten Language, 1951; dt.: Märchen, Mythen, Träume. Eine Einführung in das Verständnis einer vergessenen Sprache; übers. v. L. u. E. Mickel; Gesamtausgabe in 10 Bdn., Bd. 9: Sozialistischer Humanismus und Humanistische Ethik, Stuttgart 1981, 295–297; E. DREWERMANN: Der Teufel im Märchen, in: Archiv für Religionspsychologie, Bd. 15, 103–104. Der »Bär« in *Schneeweißchen und Rosenrot* hingegen besitzt nirgendwo etwas von »berserkerhafter« Wut und Wildheit (dies gegen: M.-L. V. FRANZ: Das Weibliche im Märchen, 57–59). Die Art, wie die Kinder ihn streicheln, erinnert eher an das Gedicht von J. W. V. GOETHE: Lilis Park, in: Gedichte, hrsg. u. komm. v. E. Trunz, München 1974, 98–101, wo Goethe die Zauberverwandlung des Geliebten in einen täppischen Bären schildert: »Ein Ungeheuer! doch drollig! / Für einen Bären zu mild, / Für einen Pudel zu wild; / So zottig, tapsig, knollig! / Sie streicht ihm mit dem Füßchen übern Rücken; / Er denkt im Paradiese zu sein. / Wie ihn alle sieben Sinne jücken! / Und sie – sieht ganz gelassen drein.« – Zum Motiv des *Tierbräutigams* auf dem Weg weiblicher Reifung in *Schneeweißchen und Rosenrot* vgl. B. BETTELHEIM: The Uses of Enchantment, New York 1975; dt.: Kinder brauchen Märchen; übers. v. L. Mickel u. B. Weitbrecht; Stuttgart 1977, 272–273. – An sich ist die *Bärenverwandlung* in zweierlei Richtung möglich: es kann der Bär sich in einen Menschen verwandeln, es kann aber auch die Triebmacht einen Menschen in einen Bären verwandeln, wobei ethnologisch bestimmte totemistische Vorstellungen maßgebend sein können. Vgl. die Erzählung bei W. HABERLAND: Donnervogel und Raubwal. Die indianische Kunst der Nordwestküste Nordamerikas, Hamburg 1979, 125. – In der Bibel schickt der Prophet *Elisäus* vor Zorn zwei Bären auf spottende Kinder (2 Kön 2,24). – Die *Tierverwandlung* des Bären im Märchen *Schneeweißchen und Rosenrot* geht indessen nicht von der Macht des Es, von der Aggressivität oder der Sexualität selber aus, und »Schneeweißchen« und »Rosenrot« sind keine rächenden Zauberinnen wie die flechtenschöne Göttin *Kirke* in

HOMERS Odyssee (X 212 f., 388–396), die die Gefährten des göttlichen Dulders Odysseus mit Zauberkräutern in Wölfe, Löwen und Schweine verwandelt; die Bärenverwandlung *hier* geschieht durch den *Zwerg*, der das kindliche Überich verkörpert (s. u. Anm. 60). – Das Thema von *Schneeweißchen und Rosenrot* hat deshalb auch nichts zu tun mit der Erlösung des (männlichen) Unholdes durch die Macht der Liebe im Sinne des Motivs von der »Schönen und dem Tier«, wie es in *Das singende springende Löweneckerchen* (KHM 88) und, aus der Sicht des Mannes, in *Der Bärenhäuter* (KHM 101) vorkommt. – Einen interessanten Kommentar zu der Begegnung des Mädchens mit dem Tiergemahl hat EDVARD MUNCH 1909 in dem satirisch-melancholischen graphischen Zyklus von *Alfa og Omega*, den »ersten Menschen auf der Insel«, gestaltet. Das Mädchen Omega wird zuerst von einer riesigen Schlange heimgesucht, die Alpha tötet, dann von einem Bären. »Sie erschauerte, als das weiche Fell ihren Körper berührte. Sie legte ihren Arm um den Hals des Bären, und ihr Arm verschwand in den dichten Haaren.« Dann begegnet sie der Dichter-Hyäne, deren banale Liebesworte sie nicht rühren; ein Tiger nähert sich ihr, der mit dem Bären kämpft, so daß sich beide zerreißen. W. TIMM: Edvard Munch. Graphik, Berlin-O., 1969, 76–83. – Erst im Kontrast zu einem solchen Anti-Märchen dieses wohl größten Malers menschlicher Angst läßt sich die eigentliche »Botschaft« des Märchens *Schneeweißchen und Rosenrot* von der »Ungefährlichkeit« der Liebe inmitten eines »mütterlichen«, angstfreien Welterlebens ganz ermessen.

Das Motiv des Verkehrs einer Frau mit einem Bären wird auch in *1001-Nacht* erzählt: E. LITTMANN (Übers.): Die Erzählungen aus den tausendundein Nächten, nach der Calcuttaer Ausgabe von 1839 übers. in 12 Bdn., Bd. V, Frankfurt (it 224) 1976, 341–347, indem der Fleischer Wardan einer Frau nachgeht, die täglich bei ihm Fleisch einkauft; er entdeckt, wie sie in einer unterirdischen Kammer einen Bären füttert bis zur Trunkenheit. »Darauf entkleidete sie sich und legte sich nieder. Der Bär aber erhob sich und warf sich auf sie, und sie gewährte ihm das Beste, was den Menschenkindern gehört ... bis er es zehnmal getan hatte.« Wardan tötet den Bären, doch als die Frau ihn dafür schilt und seinen Heiratsantrag abweist, schneidet er auch ihr die Kehle durch. Diese Variante des *Motivs von dem Tierbräutigam* reflektiert offenbar die Angst des Mannes vor der vermeintlich »tierischen« Unersättlichkeit der Frau und die entsprechenden männlichen Potenzphantasien und Insuffizienzgefühle. Ähnlich ist die »*Geschichte von der Prinzessin und dem Affen*« (a. a. O., 347–350), wo die Frau nach ihrem Verkehr mit einem wollüstigen Affen hexenähnliche Züge annimmt (vgl. auch VIII 762–765). In dem *ägyptischen* Raum, in dem diese Geschichten entstanden, könnten noch Erinnerungen an den Ritus mitschwingen, bei dem der *Bock von Mendes*, den HERODOT mit dem griechischen *Pan* identifiziert, eine Frau zu begatten pflegte (Herodot: Historien II 46); der »*Widder*« ist in der ägyptischen Schrift auch das 2-Konsonanten-Zeichen für »Ba«, Seele, und er zählte zu den acht Urgöttern. In dieser mythischen Variante geht das Motiv des Tiergemahls in den breiten Kreis der Fruchtbarkeitsriten über (vgl. *Pasiphae* und *Minotauros, Zeus* und *Europa* etc.). – Auf ähnlichem Hintergrund ist auch das Motiv der »*Eselshochzeit*« zu verstehen, das in dem Märchen *Das Eselein* (KHM 144) auftaucht und in der Antike bei L. APULEJUS: Der goldene Esel, ins Deutsche übertragen v. A. Rode, GGTb. 476, 1961, 188–190 (10. Buch), und bei JUVENAL: Satiren 6, 334 (übers. v. H. C. Schnur, Stuttgart 1969, 65), sowie bei PETRONIUS: Das Gastmahl des Trimalchio, 24 erwähnt wird. Der ägyptische Gott *Seth* ist als Verkörperung des Bösen wohl das Vorbild dieser zumeist obszönen Schilderungen einer »tierischen« Mischung aus Dummheit und Geilheit der »Eselshochzeit«.

42 Ursprünglich ist *die Taube* der heilige Vogel der Liebes- und Fruchtbarkeitsgöttin *Astarte*. »Von dort übernahmen sie die Griechen kaum vor dem 4. Jh. in den Kult der Aphrodite, die Römer in den der Astarte.« K. ZIEGLER – W. SONTHEIMER – H. GÄRTNER: Der Kleine Pauly, Bd. 5, dtv 5963, 535. In der *christlichen* Vorstellung, in der die Taube zu einem Symbol des (alles belebenden) Heiligen Geistes wird, scheint eine Art Gegenbesetzung vorzuliegen, indem das Symbol der Fruchtbarkeit in ein Symbol der sexuellen Unschuld umfunktioniert wird. Allerdings scheint bereits der vermeintlich zärtliche und gewaltlose Charakter der Taube dazu beigetragen zu haben, daß die Taube »im Sprichwort zum Inbegriff von Liebe und Sanftmut, aber auch von Ängstlichkeit« wurde. A. a. O., 536.

43 Vgl. S. FREUD: Über den Traum (1901), in: Gesammelte Werke, Bd. II–III, 697.

44 Vgl. S. FREUD: Vorlesungen zur Einführung in die Psychoanalyse (1917), in: Gesammelte Werke, Bd. XI, London 1940, 156–157; DERS.: Die Traumdeutung (1900), in: Gesammelte Werke, Bd. II–III, 399–400. – Im Sinne der *Fallträume* versteht man auch die drei Versuchungen, die im Neuen Testament (Mt 4,1–11) *Jesus* am Anfang seines öffentlichen Wirkens zu bestehen hat: während die Versuchung von Hunger und Macht deutlich auf die Triebbereiche von Oralität und Analität hinweist, enthält die Versuchung, sich von der Tempelzinne herabfallen zu lassen, eine symbolische Sexualphantasie. Passenderweise berichtet denn auch Mk 1,13 von dem paradiesischen Tierfrieden und der Einheit mit den »Engeln«, von der Integration der Triebansprüche ebenso wie der Überich-Ansprüche. – Die Szene der *spielenden Kinder am Abgrund* war im übrigen eine Lieblingsszene des religiösen Kitsches – ein Bild dieses Themas hing am Anfang dieses Jahrhunderts in unzähligen Kinderschlafzimmern. Die »Reinheit« des »Engels« wird hier zum Konterfei verdrängter Sexualphantasien, wie sie in den Engelvorstellungen des Barocks bereits vorbereitet werden, in denen die »Engel« als Putti erscheinen – nackte pralle Mädchen, die auf eine recht ansehnliche Sexualentwicklung hoffen lassen, aber eben noch »unschuldige« Kinder sind.

45 S. FREUD: Die Traumdeutung (1900), in: Gesammelte Werke, Bd. II–III, 371; DERS.: Vorlesungen zur Einführung in die Psychoanalyse (1917), in: Gesammelte Werke, Bd. XI, 158; 197 deutete den »*Wald*« als Symbol der weiblichen Schambehaarung.

46 Wie stark das Erleben von *Höhlen* und »*Abgründen*« schon in der Steinzeit *weiblich* erfahren wurde, betont R. FESTER: Die Steinzeit liegt vor deiner Tür. Ausflüge in die Vergangenheit, München 1981, 144–145. Die sexualsymbolische Bedeutung teilen die »Schluchten« und »Höhlen« mit allem Hohlen: mit Gefäßen, Schachteln, Häusern etc. Vgl. S. FREUD: Die Traumdeutung (1900), Ges. Werke II–III, 359–369.

47 E. BORNEMAN: Sex im Volksmund. Der obszöne Wortschatz der Deutschen. Bd. 1: Wörterbuch von A–Z, rororo, 6852, 1974.

48 Vgl. P. FEDERN: Über zwei typische Traumsensationen, in: Jahrbuch der Psychoanalyse, hrsg. v. S. Freud, VI. Bd., Leipzig–Wien 1914, 89–134. s. o. Anm. 44.

49 Das Ende einer solchen Verfestigung pubertärer Sexualangst beschreibt J. GREEN: Le Mauvais Lieu, Paris 1977; dt.: Louise; übers v. G. Heller; Frankfurt 1980; Fischer Tb. 5249, 1982: die Geschichte eines Mädchens, das vor den erotischen Neigungen und Nachstellungen, die es in seiner Umgebung provoziert, in die Kälte hineinflieht: »... das Kind auf den dunklen Wegen unserer Welt suchen zu wollen, war ganz und gar nutzlos. Die Unschuld war verschwunden in dem Element, das ihr am meisten glich: im Schnee.« A. a. O., 261. Der französische Schriftsteller hat in all seinen Romanen das Zerbrechen des Menschen an dem Ideal sexueller »Reinheit« geschildert, ohne dieses »Ideal« jemals zu hinterfragen. Gemessen an der Angst und Verkrampfung aller Romangestalten dieses zutiefst religiösen, von den Moralauffassungen des Katholizismus geprägten Dichters wirkt das Märchen *Schneeweißchen und Rosenrot* wie eine befreiende Provokation. – Einen ähnlichen »Ausweg« der Erkaltung aller Fähigkeiten zur Liebe aus Angst beschreibt die Erzählung des norwegischen Schriftstellers T. VESAAS, Is-Slottet, Oslo; dt.: Das Eis-Schloß; übers. v. A. Leonhardt; Einsiedeln–Zürich–Köln 1965, in dem die Freundschaft zweier Mädchen aufgrund der sich andeutenden homoerotischen Neigungen der frühen Pubertätszeit zerstörerisch endet: Während die junge Ann sich in ihrer Einsamkeit bedingungslos an die allseits beliebte Siß zu binden sucht, erschrickt ihre Freundin vor der Heftigkeit des sich andeutenden Gefühls und läßt die verzweifelte Ann unwissentlich in dem tödlichen »Eisschloß« zurück, in einer »Grube voll Weinen« (64) und erstarrender Kälte, deren Eis sich zu einem drohenden Auge formt, das unablässig auf Ann gerichtet ist.

50 R. SCHINDLER: Die Bedeutung der Angst für die Entwicklung (1962), in: Fortschritte der Psychoanalyse.

Intern. Jahrbuch zur Weiterentwicklung der Psychoanalyse, Bd. II, Göttingen 1966, 201–210, betrachtete Angst als Folge einer »Entwicklungsdissoziation im Ich«, die ihre Ursache darin habe, daß das Realitätsprinzip und das Gestaltprinzip sich asynchron entwickelten. Angst tritt demnach immer ein, wenn das Ich sich mit Aufgaben konfrontiert sieht, für die es noch keine Lösung hat. Zur psychoanalytischen Angsttheorie vgl. E. DREWERMANN: Strukturen des Bösen, 2. Bd. [2](erw.) 1980, 152–155.

51 Dan 6,1–28. Ein anderes entsprechendes biblisches Bild ist das der Jünglinge im Feuerofen: Dan 3,19–30.

52 Im weiteren Sinne kann jedes »Pelz«-Tier als entsprechendes Symbol dienen. S. FREUD: Die Traumdeutung, Werke II–III, 90; DERS.: Fetischismus (1927), in: Werke XIV, London 1948, 314. Das berühmte Buch von L. VON SACHERMASOCH: Venus im Pelz (1869), mit einer Studie über den Masochismus von G. Deleuze, Frankfurt 1968; Neudruck: Frankfurt (it 469) 1980, darf als die klassische Verdichtung dieses Stoffes dienen. Masoch liebte es, in seinen Liebesspielen »den Bären oder den Räuber (zu) machen« (a. a. O., 166).

53 Zu der symbolischen *Gleichung von »Fuß« und »Penis«* vgl. S. FREUD: Die Traumdeutung, Werke II–III, 364; DERS.: Vorlesungen zur Einführung in die Psychoanalyse, Werke XI, 41; 157; DERS.: Fetischismus, Werke XIV, 314.

54 Zu der symbolischen Äquivalenz von *»Stab«, »Stange«, »Stock«* etc. mit dem männlichen Phallus vgl. S. FREUD: Die Traumdeutung, Werke II–III, 232; 359; 385; 697; DERS.: Vorlesungen zur Einführung in die Psychoanalyse, Werke XI, 156. – Besonders das Grimmsche Märchen *Aschenputtel* (KHM 21) bliebe ohne diese Erklärung unverständlich; denn ausdrücklich wünscht sich Aschenputtel vom Vater ein Reis von einem Haselbusch, das es auf seiner Mutter Grab pflanzt und von dem es die königliche Kleidung empfängt, in der es schließlich die Liebe des Königssohnes erringt. Es handelt sich deutlich um eine ödipale Phantasie mit der entsprechenden Ambivalenz gegenüber der Mutter, der ausgeprägten Rivalität gegenüber der »Stiefmutter« und den Geschwistern und den zunächst sehr starken Schuldgefühlen für die eigene Liebessehnsucht.

55 S. FREUD: Die Traumdeutung, Werke II–III, 385, deutet einen Traum *Bismarcks* aus dem Frühjahr 1863, in dem dieser sich auf einem sich verengenden Alpenpfad reiten und mit einer immer länger werdenden Gerte in der linken Hand gegen die glatte Felswand schlagen sah, als Onanieäquivalent. DERS.: Ein Kind wird geschlagen. Beitrag zur Kenntnis der Entstehung sexueller Perversionen (1919), Werke XII, London 1947, 208–215, zeigte, wie Kinder in ihrer Onaniephantasie »auf die prägenitale, sadistisch-anale Organisation des Sexuallebens« regressiv zurückgreifen können, so daß die Schlagephantasie sich nicht nur als »Strafe für die verpönte genitale Beziehung«, sondern auch als regressiver Ersatz dafür zu erkennen gibt. DERS.: Einige psychische Folgen des anatomischen Geschlechtsunterschiedes (1925), Werke XIV, London 1948, 25–26, ergänzte diese Feststellung durch die Bemerkung, daß die Schlagephantasie »ein Relikt aus der phallischen Periode der Mädchen« zu sein scheine. – Tatsächlich ergibt das spielerische Schlagen der Kinder im Märchen *Schneeweißchen und Rosenrot* eine erste teils aggressiv-unsichere, teils zugewandt zärtliche Annäherung an die Welt des Mannes. In der Realität drückt sich darin die Zeit der beginnenden Pubertät aus, in der die Jungen – noch oder schon – mit Schneebällen hinter den Mädchen herwerfen und diese den Jungen eine lange Nase zu drehen pflegen.

56 Jedes *Spiel* basiert auf einer Kombination feststehender, unveränderlicher Kodizes und einer Vielfalt flexibler, variabler Strategien, um zu einem bestimmten Ziel zu gelangen. Vgl. A. KOESTLER: Janus. A Summing Up, London; dt.: Der Mensch – Irrläufer der Evolution. Die Kluft zwischen unserem Denken und Handeln – eine Anatomie menschlicher Vernunft und Unvernunft; übers. von J. Abel; München 1978; Goldmann Tb. 11272, 1981, 51. In der Biologie deuteten M. EIGEN – R. WINKLER: Das Spiel. Naturgesetze steuern den Zufall, München–Zürich 1975, 12–13, die gesamte Evolution als *Spiel*, dessen Elemente sich aus Zufall und Regel, aus Freiheit und Notwendigkeit zusammensetzen. – Zur religiös-kultischen Bedeutung des Spiels vgl. E. DREWERMANN: Der Krieg und das Christentum, Regensburg 1982, 284–290.

57 Zum *Rotkäppchen-Märchen* s. o. Anm. 41.

58 Zum Symbol des »*Goldes*« als Bild für den Übergang des Unbewußten in das Bewußte, Helle, Sonnenhafte vgl. C. G. JUNG: Kommentar zu »Das Geheimnis der Goldenen Blüte« (1929), Ges. Werke 13, Olten–Freiburg 1978, [2]1982, 31–32. Auch das Symbol des »*Königs*«, das stets mit »Gold« koaliert, weist subjektal auf das Bewußtsein hin. Vgl. E. DREWERMANN – I. NEUHAUS: Der goldene Vogel, Olten–Freiburg 1982, 37; 59, Anm. 6. – Auf ein ähnliches Motiv weist V. KAST: Die grüne Jungfer. Der Archetyp des Weiblichen im Umbruch, in: M. Jacoby, V. Kast, I. Riedel: Das Böse im Märchen, Fellbach 1978, 126, in dem Bild des »Goldenen Hirsches« hin, das sie zu Recht gleichfalls als »das junge Männliche … im Bereich der großen Mutter« deutet.

59 Zum Begriff der »*Pubertätsaskese*« vgl. A. FREUD: Das Ich und die Abwehrmechanismen (1936), Kindler Tb. 2001, o. J., 119–123, die darunter »die unterschiedslose, primäre und primitive angeborene Feindschaft zwischen Ich und Trieb« verstand (a. a. O., 123).

60 Die »*Wichte*«, »*Elbe*« und »*Zwerge*« verkehren stets nur »durch Zufall oder Drang der Umstände« mit den Menschen, vor denen sie eigentlich zurückscheuen, weil diese ihnen körperlich überlegen sind. Gleichwohl haftet ihnen etwas Übermenschliches an, und sie besitzen die Kraft, »dem Menschen zu schaden und zu helfen«. J. GRIMM: Deutsche Mythologie (1835), Ullstein Tb. 35107-08, 1981, Bd. 1363. Die eigentliche Herrin der *Elbe* scheint die *Frau Holle* zu sein (a. a. O., 337). Wie Frau Holle das *Spinnen* beherrscht und selbst verworrene Haare trägt (E. DREWERMANN: Frau Holle, Düsseldorf–Zürich, erweiterte Neuauflage 2003, 61, Anm. 17), so »wickelt der Nachtalb, Nachtmar, Haar der Menschen, Mähne und Schweif der Pferde in Knoten oder kaut sie durch« (J. GRIMM: a. a. O., 384). »Alle Zwerge und Elbe sind *diebisch*« (385). Vor allem entwenden sie Kinder aus der Wiege und legen ihre eigenen häßlichen Kinder an die Stelle. Sie verfügen über die Gabe der Weissagung. Am meisten aber unterscheiden sie sich von den Menschen durch die Fähigkeit, zu verschwinden und – mittels einer Tarnkappe – unsichtbar zu werden (382–383). – Das übliche Klischee von den Zwergen, die hervorragende Goldschmiede sind und allerlei Kunstfertigkeiten beherrschen, unterlegt M.-L. V. FRANZ: Das Weibliche im Märchen, 62, ihrer Deutung der Stelle, indem sie den Zwerg in seiner negativen Erscheinung als »die zerstörerische Kraft der ungelebten Kreativität« bzw. als den »streitsüchtigen Animus« der Frau versteht. Aber so versteht man nicht die verzaubernde Macht des »Zwerges« über den »*Bären*«, und wenn v. Franz den »Zwerg« noch mit gewissen Ehemännern in Verbindung bringt, die einem Zwerg ähneln – »neurotisch oder suizidal oder ein Frauenfeind mit negativem Mutterkomplex« –, so verkennt sie, daß der »Zwerg« gerade dafür sorgt, daß eine wirkliche Partnerbeziehung gar nicht erst zustande kommt. Zudem ist die dreimalige Befreiung des Zwergs durch die Kinder für v. Franz nur ein Akt mitleidiger Schwäche ohne Sinn – kurz, ihre ganze Interpretation vergewaltigt den Text und berücksichtigt kein einziges konkretes Detail. – Richtiger weist R. MEYER: Die Weisheit der deutschen Volksmärchen, 62–63, darauf hin, daß die Zwerge »ihrem Wesen nach fast nur Kopfnatur« sind. »Sie waren weise, ehe noch der Mensch zum wachen Verstande heranreifte. Als Bewahrer uralten Geisteslichts vermögen sie dem Menschen die Pfade in Ätherwelten zu erhellen … Aber als Kopfwesen erliegen die Gnomen auch den verhärtenden Weltenkräften; sie werden egoistisch und seelenlos in ihrer Verstandeswachheit.« Aber auch der Begriff der »Kopfnatur« ist zu allgemein; denn nicht um Verstandeseinseitigkeit geht es hier, sondern um ein Denken, das menschlich zu klein geblieben ist und *deshalb* einen zu langen »Bart« hat. Die einfache Metaphorik des Bildes wird sinnlos verkompliziert, wenn M.-L. V. FRANZ: a. a. O., 66–67, nach weitschweifigen Darlegungen über »Haare« als etwas »Primitives, Instinktives, Tierartiges«, näherhin im Barthaar den »unkontrollierbaren unbewußten Fluß des Logos« erkennt. Nicht »Logos«, sondern »Kindlichkeit« verkörpert der »Zwerg« im Kontext und Entwicklungsgang des Märchens. – Auch in anderen Märchen steht das Bild des »*Zwergs*« für die kindliche Erlebnisweise, die hindernd oder wegweisend dem erwachsenen bzw. erwachenden Ich entgegentritt. Im Märchen *Schneewittchen* (KHM 53) z. B. führt die beginnende Sexualentwicklung am Anfang der Pubertät unter dem eifersüchtigen Druck der (Stief-)

Mutter zu einer Regression ins Reich der »Zwerge«, d. h. in die Zeit der »unschuldigen« Kindheit. Das »Nicht-Erwachsensein«-Wollen und das Bündnis mit den anderen Geschwistern gegen die Stiefmutter wird hier in den »Zwergen« verkörpert. Vgl. J. F. GRANTDUFF: Schneewittchen. Versuch einer psychoanalytischen Deutung (1934), in: Märchenforschung und Tiefenpsychologie, hrsg. v. W. Laiblin, Darmstadt 1975, 95. – Im Märchen *Wasser des Lebens* (KHM 97) stellt der »Zwerg« demgegenüber im positiven Sinn die Kleinheit und Demut dar, die den hochmütigen Königssöhnen so sehr fehlt; nur wer auf das »Kleine«, Unentwickelte der Psyche hören lernt, wird den sterbenden »König«, die Verstandeseinseitigkeit des Bewußtseins, durch die Liebe erlösen können. Der »Zwerg« verkörpert hier so wenig wie in *Schneeweißchen und Rosenrot* den »Logos«, er ist sogar in gewissem Sinne dessen Gegenkraft. – Im Märchen *Rumpelstilzchen* (KHM 55) tritt der »Zwerg« wiederum als Verkörperung der psychischen Seelenteile auf, die bei den ehrgeizig-ängstlichen Überforderungen der Müllerstochter im Schatten des äußeren Erfolges zu klein bleiben mußten und sich im Unbewußten gegen die Entfaltung der eigenen Persönlichkeit richten, wie es das Bild von dem »Kinderdiebstahl« des Gnomen ausdrückt. Das »*Kind*« steht dabei für die beginnende Entfaltung des Selbst. Vgl. C. G. JUNG: Zur Psychologie des Kinderarchetypus (1940), in: Ges. Werke 9/1: Die Archetypen und das kollektive Unbewußte, Olten–Freiburg 1976, [4]1980, 175; 178. – In all diesen Fällen verkörpert der »Zwerg« die zu klein gebliebenen Seelenanteile, die beschützend, erneuernd, hindernd oder verzaubernd die Entfaltung der Persönlichkeit beeinflussen. Die tatsächliche Bedeutung des Zwergsymbols erhellt einzig aus seiner Funktion innerhalb des einzelnen Märchens.

61 Zur *Entstehung des Schuldgefühls* aus sozialer Angst vgl. E. DREWERMANN: Strukturen des Bösen, Bd. 2, 182–183; 203–207; 223–226.

62 Vgl. S. FREUD: Die »kulturelle« Sexualmoral und die moderne Nervosität (1908), in: Ges. Werke VII, London 1941, 141–167.

63 Für S. FREUD: Die Traumdeutung (1900), in: Ges. Werke II–III 362, ist der *Fisch* (natürlich) ein Symbol für das männliche Genitale. DERS.: Vorlesungen zur Einführung in die Psychoanalyse (1917), in: Ges. Werke XI 157. C. G. JUNG: Aion. Beiträge zur Symbolik des Selbst (1951), in: Ges. Werke 9/II, Olten–Freiburg 1976, [4]1980, 163–164, deutete das Symbol des Fischfangs im Traum einer Patientin als archetypische Chiffre: Das Flußufer stellt sozusagen die Schwelle zum Unbewußten dar. Das Fischen ist ein intuitiver Versuch, unbewußte Inhalte (Fische) zu »angeln« beziehungsweise zu erfassen. – Entsprechend zum Thema der Bewußtwerdung trägt der Fisch mitunter (wie der »Bär« in *Schneeweißchen und Rosenrot)* ein *Goldstück* in sich, wie im Märchen *Die Goldkinder* (KHM 85) oder in der *Bibel* in Mt 17,27. – In anderer Betrachtung kann das Symbol von »Fisch« und »Wasser« auch ein weibliches Symbol sein, wie der verschlingende Fisch, der den Propheten Jona aufnimmt; vgl. H. DIECKMANN: Märchen und Symbole. Tiefenpsychologische Deutung orientalischer Märchen, Fellbach 1977, 65. Beide Aspekte ergänzen sich, denn es ist in *Schneeweißchen und Rosenrot* das *weibliche* Unbewußte, dem der »Fisch« als phallisches Symbol zu einer verschlingenden Gefahr wird. – Daß in dem Märchen die Kinder Fische fangen, so wie sie zuvor im Wald Beeren sammelten, läßt sie kulturhistorisch noch als *Sammler und Jäger* erscheinen, wobei derartige Reminiszenzen allerdings nicht konsequent durchgeführt werden – der Messingkessel, den »Schneeweißchen« im Winter goldblank putzt, spricht ebenso dagegen wie die »Stadt«, in welche die Kinder später geschickt werden (s. u. Anm. 64). Auf der Kulturstufe der Jäger kommt es im übrigen zu einer Gleichsetzung von Mensch und Fisch, wie sie bei den Pflanzern mit bestimmten Nahrungspflanzen zu beobachten ist. Die Fische sind – wie die meisten Tiere – innerhalb des »Animalismus« Götter bzw. »Menschen in Verkleidung«. W. HABERLAND: Donnervogel und Raubwal. Die indianische Kunst der Nordwestküste Nordamerikas, Hamburg 1979, 35, berichtet von den umfangreichen Riten, die bei den Indianern der Nordwestküste nötig waren, um die Skelette der gefangenen Lachse in Lachsmenschen zu verwandeln, die im nächsten Jahr wiedererscheinen konnten.

64 Die *Stadt* kann ein Bild des Selbst sein bzw. ein Symbol für die »Rückkehr in den Mutterleib«. C. G. JUNG: Symbole der Wandlung. Analyse des Vorspiels zu einer Schizophrenie (1952), in: Ges. Werke, Bd. 5: Symbole der Wandlung, Olten–Freiburg 1973, [3]1981, 268. Religionspsychologisch sind die alten Städtegründungen tatsächlich so etwas wie künstliche Paradiesesnachbildungen; s. o. Anm. 6; vgl. E. DREWERMANN: Strukturen des Bösen, Bd. 2, 526–529; ebenso E. DREWERMANN – I. NEUHAUS: Der goldene Vogel, Olten–Freiburg 1982, 61, Anm. 34. Die Stadt kann aber auch ein Bild der Entfremdung von der Natur und ein Symbol für die Künstlichkeit des Lebens sein – eine Ambivalenz, die in der Bibel etwa in dem Gegensatz des himmlischen Jerusalems und der »Hure« Babylon zum Ausdruck kommt. Offb 17,1–18; 21,1–21. Kulturhistorisch hat L. MUMFORD: The City in History, 1961; dt.: Die Stadt. Geschichte und Ausblick; übers. v. H. Lindemann; Köln–Berlin 1963; dtv wr 2 Bde., 4326, 1979, 1. Bd., 104, beschrieben, daß die frühen Stadtkulturen von Mesopotamien und Ägypten die Ausformungen von zwei Möglichkeiten darstellen, die bis heute erhalten geblieben sind: die Möglichkeiten von Stadt oder Dorf, von Ausbeutung oder Symbiose, von Gewalt oder Kooperation. Vgl. E. DREWERMANN: Der Krieg und das Christentum, 1982, 28, Anm. 15. Die ablehnende Haltung gegenüber der Stadt spricht sich am deutlichsten aus bei R. M. RILKE: Das Stundenbuch (1899: 1. Buch; 1901: 2. Buch; 1903: 3. Buch: Das Buch von der Armut und vom Tode), in: Sämtliche Werke, hrsg. v. Rilke-Archiv in Verb. mit R. Sieber-Rilke, besorgt v. E. Zinn, 6 Bde.; 1. Bd., Frankfurt 1955, 345–346. – Diese dunkle Warnung am Anfang dieses Jahrhunderts kann und konnte nicht verhindern, daß bis zum Ende dieses Jahrhunderts fast 4 Milliarden Menschen, also etwa die gesamte heutige Weltbevölkerung, in Städten leben werden. Vgl. E. DREWERMANN: Der tödliche Fortschritt, 1981, 13–14.

65 Zum Symbol des *Vogels* vgl. E. DREWERMANN – I. NEUHAUS: Der goldene Vogel, Olten–Freiburg 1982, 60, Anm. 13. Der *Adler* war in der Antike der Vogel des *Zeus,* ja der Gott selber verwandelte sich in einen Adler, um der schönen *Asterie* nachzustellen, wie OVID: Metamorphosen, VI 108, berichtet. In seiner Verkörperung von Hoheit und Macht ist der Adler auch in der Völkerkunde als Wappentier bekannt, wobei besonders die totemistische Verwandtschaft von Adlern und Adlermenschen hervorzuheben ist. Vgl. W. HABERLAND: Donnervogel und Raubwal. Die indianische Kunst der Nordwestküste Nordamerikas, Hamburg 1979, 71. – Die *Azteken* kannten die beiden Kriegerorden der Adler und Jaguare. H. HELFRITZ: Amerika. Land der Inka, Maya und Azteken, Wien-Heidelberg 1965, 87–88. – Es ist zu beachten, daß alle wesentlichen Tiersymbole des Märchens (Adler, Fisch, Bär) auch als *Sternbilder* geläufig sind (s. o. Anm. 41). – Wie man sich die »Adlerintelligenz« in der Praxis vorstellen muß, dokumentierte ein Theologiestudent, der mit höchster Angst einer Prüfung entgegensah, weil der Professor jeden Fehler mit unnachsichtigem Hohn zu kommentieren pflegt; die Prüfung fand statt über »Gnadenlehre«.

66 Ein gewisses Maß an *Intellektualismus* gehört normalerweise zur Pubertät und bildet lediglich eine Parallelerscheinung zu der schon erwähnten Pubertätsaskese, s. o. Anm. 59. Vgl. A. FREUD: Das Ich und die Abwehrmechanismen (1936), Kindler Tb. 2001, o. J., 123–129. Aber in der Intellektualisierung liegt, wenn sie vereinseitigt bleibt, die Gefahr, daß die Triebwünsche sich nur auf dem Umweg über Scheinrechtfertigungen und Ideologiebildungen zum Leben Zugang verschaffen können: das Denken wird dann gefühlsmäßig fanatisiert und das Gefühl zynisch verachtet bzw. zwanghaft zergrübelt. Das Wissen verwandelt sich auf diese Weise in ein Instrument dessen, was M. SCHELER: Die Formen des Wissens und die Bildung (1925), in: Philosophische Weltanschauung, Dalp Tb. 301, 1954, 42, das *Herrschafts-* oder *Leistungswissen* nannte.

67 Zum Symbol der *Perle vgl.* PH. RECH: Inbild des Kosmos. Eine Symbolik der Schöpfung, 2 Bde., Salzburg 1966; 1. Bd., 173–206, die besonders den mystischen Lichtursprung der Perle (180) hervorhebt. In der religiösen Sprache ist die Perle nicht nur ein Bild der Bewußtwerdung, des Selbst, sondern zugleich ein Bild für die Vereinigung mit Gott: die zwölf Tore, die zum himmlischen Jerusalem führen, sind Perlen (Offb 21,21), und das Gleichnis von der kostbaren Perle (Mt 13,44–45) macht einzig die Suche nach der Herrschaft Gottes im Herzen des Menschen zur Aufgabe des Lebens.

68 Zur *Heiligen Hochzeit* vgl. E. DREWERMANN: Strukturen des Bösen, 2. Bd., 332–354.

69 Eine solche Ausnahme bildet z. B. die Erzählung vom *Mädchen ohne Hände* (KHM 31), in dem gerade die Schwierigkeiten der Übertragungsliebe *nach* der Hochzeit des Mädchens mit dem Königssohn geschildert werden; vgl. E. DREWERMANN: Das Mädchen ohne Hände, Düsseldorf–Zürich, erweiterte Neuauflage 2004. Ein anderes Beispiel liefert das Märchen *Die kluge Else* (KHM 34), das vom Ausbruch einer schizophrenen Psychose in der Ehe berichtet.

70 Zum *Aufbau von Märchenerzählungen* vgl. E. MÜLLER: Psychologie des deutschen Volksmärchens, München 1928, 106, der die »Kristallform« der Märchenstruktur hervorhebt – ein für die Struktur von *Schneeweißchen und Rosenrot* sehr treffender Ausdruck.

71 Aus: MELVIN RANDOLPH GILMORE; Uses of plants by the Indians of the Missouri River Region, 33. Annual Report of the Bureau of American Ethnology 1911/1912, Washington 1919, 43–154, S. 86, in: WERNER MÜLLER: Glauben und Denken der Sioux. Zur Gestalt archaischer Weltbilder, Berlin [2]1970, 237–238.